Rolf Friedrich Schuett

# Studierstubenhocker kommen oft weiter als Weltreisende

*Essays und Aphorismen*

FSC
www.fsc.org
MIX
Papier aus ver-
antwortungsvollen
Quellen
Paper from
responsible sources
FSC® C105338

Rolf Friedrich Schuett

# Studierstubenhocker kommen oft weiter als Weltreisende

*Essays und Aphorismen*

Books on Demand

Bibliographische Information Der Deutschen Bibliothek:
Die Deutsche Bibliothek verzeichnet diese Publikation
in der Deutschen Nationalbibliographie; detaillierte
bibliographische Daten sind im Internet abrufbar über
http://dnb.ddb.de



Erste Auflage

Herstellung und Verlag :
BoD – Books on Demand, Norderstedt

Gedruckt auf alterungsbeständigem Papier
(holz- und säurefrei)

Umschlaggestaltung : E. L. Schmidt

Printed in Germany

ISBN 978-3-7519-5727-4

Für Elke

## Eliten unserer Tage
### *„Dem Adel das Beste, dem Pöbel die Reste"*
### Führung und Angeführte

"Das allgemeine Wahlrecht gibt der Masse nicht das
Recht zu entscheiden, sondern die Entscheidung der
einen oder andern Elite gutzuheißen."
*(Ortega y Gasset)*

"Elite – das sind die Leute,
die die Drecksarbeit dirigieren." *("Billy")*

"Elite : der ewige Kampf gegen den Abstieg."
*("Billy")*

"Elite ist immer eine Minderheit. Aber nicht
jede Minderheit ist eine Elite." *(Erhard Blanck)*

"Wer sich selbst zur Elite zählt, der hat sich
sicher nur verzählt." *(Erhard Bellermann)*

"Die Demokratie repräsentiert den Unglauben
an große Menschen und an Elite-Gesellschaft."
*(Friedrich Nietzsche)*

"Nur Elite ist immer genau jener Mob,
von dem sie sich abheben will." *(F. H. Lotterfuchs)*

„Als Adam grub und Eva spann, wo war denn da der Edelmann?" Wenn wir nicht ganz so weit zurückschauen, entsteht Erbadel erst seit Beginn der Landwirtschaft gegen Landschaften, in der neolithischen Revolution vor rund 10.000 Jahren. Ackerbau, Viehzucht und Grundbesitz siegten über Jahrhunderttausende von relativ egalitärem Nomadentum.

Der in der Erde herumwühlende sesshafte Bauer vertrieb die vagabundierend müßiggehenden Hirten, Fischer und Sammler und schuftete für vornehmere Lehnsherrn. "Blut *und* Boden" wurden "kultiviert". Die Machthierarchien wurden immer steiler bis zu *Stratifikationen* in sozialen Klassen, die sich hinter machtneutralen Funktionsteilungen immer erfolgreicher und effektiver versteckten. Der "Adel der Menschheit" verschlimmbesserte Gottes Schöpfung, indem er sie zum bloßen Rohstoff eigener Schöpfungen machte. Die Lords wissen es immer besser als der LORD.

„Der Adel, heißt es, ist eine Zwischenstufe zwischen König und Volk. Ja, wie der Jagdhund eine Zwischenstufe ist zwischen Jäger und Hasen."

Das brachte *Nicolas Chamfort* 1793 in den Kerker der *Robespierres*, nicht etwa der Adligen. Was hat sich geändert seit Chamforts Zeiten? Der Erbadel zwischen Monarch und Volk hat sich seit 1789 nur modernisiert : Die bürgerliche Mittelschicht ist stets Sklavin der Oberschicht und zugleich deren privilegierte Sklavenpeitsche gegen die Unterschicht der Arbeitssklavenheere. Die Oberschicht hält sich mittelständische Eliten der Manager, Expertenkulturen und anderer "sozialer Subsysteme".

Adlige, Edelleute, Ritter, Vornehme. − *Aristokratie*: Herrschaft nicht des „Pöbels" (peuple, Volk), sondern der *Aristoi,* der jeweilig „Besten", der Tüchtigsten oder Tugendhaftesten, Reichsten, Geistreichsten, Mächtigsten und der geborenen Führungselite? Die alten Erbdynastien Europas sind seit 1789 entmachtet und durch Eliten des Besitz- und Bildungsbürgertums ersetzt, die „Pfeffersäcke". Seither entsteht mit jeder Stufe des „gesellschaftlichen Fortschritts" ein spezifisch neureicher Neuadel, der den angestammten verdrängt und dysfunktionalisiert.

Moderner Fortschritt ist Fortschritt der naturwissenschaftlich befeuerten Technik, die ihre eigenen taktgebenden "Funktionseliten" hervorbringt, und jede technologische Revolution erzwingt einen passge-

rechten Elitenwandel. Jedes „ausdifferenzierte Sub-
system" *(Niklas Luhmann)* der modernen Industrie-
gesellschaften, Recht, Moral, Kunst, Kultur, Wissenschaft, Militär, Wirtschaft, Macht etc. mit deren
jeweiliger „autopoietischen Eigenlogik", rekrutiert
stets ihre eigenen Führungseliten, inzestuös aus sich
selbst oder durch Blutzufuhr von Außen und Unten,
also adoptierte Karrierewillige, die dann besonders
übereifrig deren reaktionären Wertekanon vertreten.
Wichtig ist stets der „Distinktionszugewinn gegen
Unten" (Elitensoziologe *Pierre Bourdieu*) durch
Finanzkapital oder Kulturkapital. So wurde weltweit
das alte eurohumanistische Bildungsbürgertum spätestens seit dem 1. Weltkrieg entmachtet durch neu-
schlaue "Schlotbarone".

Und hier und heute? Wer herrscht, wer führt − und
wie und wen und wohin und womit?

Die Anzahl der Milliardäre, heißt es, hat sich im
letzten Jahrzehnt ebenso verdoppelt wie die Anzahl
der Obdachlosen. Erkennen wir darin das Verhältnis
von Elite und "Mob"? *Andreas Reckwitz* vertrat
2017 in seinem vielbeachteten Werk „Die Gesellschaft der Singularitäten − Zum Strukturwandel der
Moderne", dass die alten Vorbildeliten der kleinbür-
gerlichen Handwerker, Beamten, Selbständigen und

Gewerbetreibenden zunehmend entwertet werden von einer neuen Elite mit individualistischem Haltungshabitus der linksliberalen, feministischen, multikulturellen und kosmopolitischen „Ökopaxe" und „Bobos" (bourgeoise Metropolen-Bohème). Gegen diese bestechende These steht z.B., dass zwar das Finanzkapital oder „Kulturkapital" *(Bourdieu)* immer internationaler wird, die Geld- und Machtelite selbst aber immer national orientiert bleibt, und vor allem die deutsche.

Eine der heute wichtigsten Quellen der Elite-Seilschaften ist neben Grundbesitz und Bankvermögen nicht das Denkvermögen (das sie ihren korrumpierten Bildungseliten überlassen), sondern der Einfluss über Politiker auf die *Vierte Gewalt* der *Medien* („Wesenskern der modernen Gesellschaft", Theodor W. Adorno), z.B. die öffentlich-rechtlichen Massenkommunikationsmedien.

Der alte Erbfeudalismus lebt übrigens heute vitalisiert fort in familienzentrierten modernen Mafia-Clans, im wörtlichen wie uneigentlichen Sinn verstanden. Sind moderne Hochindustriegesellschaften tendenziell von elitären "Rackets" (*Max Horkheimer* und Sozialwissenschaftler *Wolfgang Pohrt*) unterwandert?

Der Traditionsadel wich einem Schwertadel, der Schwertadel der „Frondeure" dem Hofadel von Versailles, der Hofadel des absolutistischen Sonnenkönigs dem selbstbewussten „Geistesadel" (Nietzsche) und dieser dem versierten „Bildungsphilister"-Nerd am PC. Was sind die Führungseliten heute? Sind es flippige Kulturindustrielle gegen den humanistischen Bildungsbürger, sind es gewerkschaftliche „Arbeiteraristokraten" gegen staatlich subventionierte „Waldbarone", sind es politisierte Medienschaffende gegen „engagierte Kulturschaffende"?

Wo sind die wahren neuen Adelsgruppen heute? Langer Rede kurzer Widersinn : Ich weiß es kaum. Man müsste sich die Namensregister der teuersten Weltinternate ansehen können, wo die Top-Eliten ihren Nachwuchs schulen lassen.

Oder ist jede Elite der demokratisch mehr oder weniger ungewählten „Auserwählten" stets selbsternannt wie der grüne Öko-Adel? Heute brauchen die Mächtigen wohl nicht einmal mehr Religion oder Ideologie, um den ausgebeuteten Untertan daran zu hindern, sie umzubringen, wie ein Napoleon sagte.

Ideologien und Utopien liegen nicht mehr in den Köpfen, sondern längst realisiert im gesellschaftlich

Bestehenden, als nackte Gewalt der rational „verwalteten Welt" *(Max Horkheimer)*. Die westliche Welt tendiert formal demokratisch zu einer rundumverwalteten "Umwelt", die von Verwaltungsexperten wie *Niklas Luhmann* systemtheoretisch korrekt beschrieben wird : als "stählernes Gehäuse" *(Max Weber)* der modernen Zivilisation ein technisch durchorganisiertes neoliberales Sodom & Gomorrha (dessen Ende bekannt sein sollte) ...

Die vermeintlichen "Leistungseliten" leisten sich so einiges als Leitungseliten, immer und überall.

Satire lebt übrigens davon, den jeweiligen Wertekanon der erfolgreich neuen Eliten im Namen des Wertekanons überlebter Eliten zu verspotten und als ungeschliffene Neureichs zu verhöhnen. Das ist die Crux jeder kritischen Satire. Satiriker sind Leute von Gestern, welche im Namen ihrer geschichtlich verurteilten Werte die Werte von Heute und Morgen sich blamieren lassen wollen. Nichts wäre heute so wichtig wie Satire, und nichts wird langsam ohnmächtiger als Satire, die ans reale, komfortable Grauen der Welt nicht mehr heranreicht, sondern ohnmächtig daran abgleitet, wie *Adorno* in den „Minima Moralia" (1951) erkannte.

Nebenbei : Die Einzigen, die jede Teilung in Adel und Volk, Leitelite und Manövriermasse, Oligarchen und Demokraten, ablehnen, sind die Anarchisten und „Maschinenstürmer", die immer und überall eine schlechte Presse haben, selbst bei geborenen Untertanen und Drecksarbeitern. Eine lebensfähige Anarchie hält beinahe jedermann für eine Horrorherrschaft von Chaoten und Komikern über Recht und Ordnung. Warum eigentlich ?

Wo (ver)stecken (sich) die heutigen Obertanen, und sind Eliten nur Wichtigtuer, die lediglich das Anordnen gelernt haben? Parteibuch-Vetternwirtschaft, die sich selbst zur "Sachpolitik" nobilitiert und den "mündigen Bürger endlich mitnimmt"? Sind moderne Adelsgruppen "von Gottes Gnaden"? Wird die Demokratie bedroht und verzerrt durch brandneue Eliten? Gilt „conspicuous consumption" oder "gated community" noch als gut republikanisch sozialneidgerecht? Die Oberschicht der dreihundert Spitzenfamilien kennen nicht einmal Sozialwissenschaftler sehr gut. Oder sind die hiesigen Landeseliten heute eher vorwiegend friedens-, frauen-, forst- und vaterlandwirtschaftsbewegter Alternativ-Adel und somit von Anfang an wertkonservativ rechtslastig motiviert? Wie sollen nacktes Elend und nackte Wahrheit den Gürtel enger schnallen, lieber Adel?

## Witzlose Philosophie
## eines philosophischen Witzes?

Der geniale Logiker Sherlock Holmes und Dr. Watson sind zum Zelten unterwegs im freien Gelände. Nach einem guten Abendessen und einer Flasche Wein ziehen sie sich für die Nacht zurück und legen sich schlafen. Nach einigen Stunden der Nachtruhe im Zelt wacht Holmes auf und stupst seinen Freund an.

"Watson, schauen Sie zum Himmel hinauf und sagen Sie mir, was Sie sehen."

"Ich sehe Sterne, Holmes", antwortet er. "Millionen und Abermillionen viele Sterne."

"Und welche Schlussfolgerungen ziehen Sie daraus?", fragt Sherlock Holmes.

Watson überlegt eine Weile. "Nun, astronomisch gesehen, sagt es mir, da sind Millionen Galaxien und wahrscheinlich Milliarden Planeten. Im astrologischen Sinne beobachte ich, dass Saturn im Löwen steht. Horologisch kann ich für die Uhrzeit ableiten, dass es Viertel nach drei ist. Meteorologisch betrachtet, folgere ich, dass das schöne Wetter noch ein paar Tage anhält. Theologisch sehe ich die Macht Gottes und dass wir ein kleiner und unbedeutender Teil des Universums sind. Was sagt es Ihnen, Holmes?"

"Watson, Sie sind ein Narr!", ruft da Holmes.

"Jemand hat unser Zelt gestohlen."

"A serious and good philosophical work could be written and would consist entirely of jokes."
*(Ludwig Wittgenstein)*

Es macht sicher mehr Spaß, dröge Philosophien in launige Witze übersetzt zu sehen, als umgekehrt eine lang(weilig)e Philosophie aus kurz(weilig)en Witzen herausziehen zu müssen, als "Moral von der Geschicht". Viele erinnert das allzu qualvoll an ihre Schulzeit, als (an sich fesselnde) Literatur in „Besinnungsaufsätzen" durch „Interpretationen" ungenießbar zu machen war. Witze, pointierte Anekdoten und „geistreiche Sprüche kommentieren hieße Schmetterlinge mit Hufeisen beschweren" *(Martin Kessel)*. Versuchen wir es trotzdem, den gutwilligen Leser nicht zu vergraulen und diesen philosophischen Witz nicht allzu witzlos zu verphilosophieren.

Sherlock Holmes und sein Busenfreund Dr. Watson zelten oder übernachten aus welchen Gründen auch immer im selben Zelt. Sein biederer Adlatus sieht beim Erwachen in der Frühe nur Sterne, den astronomischen Nachthimmel, die theologischen Wunder der Schöpfung, die meteorologische Tagesprognose und sein astrologisches Sternbildhoroskop. Aber er sieht eben nicht kriminologisch, was plötzlich gar nicht mehr zu sehen ist, um alles das nur überhaupt sehen zu können.

Nur Sherlock sieht, dass er das „Dach überm Kopf" nicht mehr sieht, das gewöhnlich erst einmal direkt über unseren sesshaften Köpfen zu erwarten wäre und hier ein Zeltdach ist. Watson schwärmt, und Holmes holt ihn mit einem einzigen kurzen Satz auf den Teppich zurück, ja, verwandelt Watsons Vernunft in Unsinn. Der detektivische Nurlogiker sieht im Gegensatz zu seinem stets dienstwilligen und menschlicheren Helfer, dass er etwas im Moment viel Wichtigeres als die Sterne eben *nicht* sieht : das Zeltdach über ihnen, das bei dem schönen Wetter nicht weggeflogen sein kann, sondern ihnen wohl im Schlaf unbemerkt geklaut worden sein muss.

Holmes muss dazu kein trockener Realist sein, der einen Romantiker einfach desillusioniert. Auch er kann vielleicht fähig sein, Himmel und Sterne nächtens zu bewundern, indem er zuweilen aus dem Haus tritt oder aus dem Fenster schaut, aber wenn die Möglichkeit dazu plötzlich nur dadurch erkauft scheint, dass einem das Dach überm Kopf gestohlen wird, hört für ihn die Naturschwelgerei schlagartig und schlagfertig auf, und der trainierte Ermittler erwacht schon in aller Herrgottsfrüh.

Im Moment sieht Sherlock *nur*, was an Erwartbarem *nicht* mehr zu sehen ist. Ihm fällt *nur* das auf, was seinem Kollegen als einziges *nicht* auffällt, und er vollzieht damit das, was moderne Kommunikationstheoretiker ein „**Reframing**" nennen, eine radikale Situationsumdeutung und „Referenztransformation". Der Austro-Amerikaner *Paul Watzlawick* und seine Kollegen aus dem kalifornischen Palo Alto haben daraus eine ganze „Interaktionsphilosophie" und psychologische „Provokationstherapie" gezimmert, wie man vertrackte Probleme einer Lösung näher bringen kann durch plötzlichen „Wechsel des Bezugsrahmens", Probleme, die durch bloßes „Immermehr vom Immergleichen" im stets selben eingeschliffenen „Referenzkontext" eben immer unlösbarer zu werden drohen.

Mal ein anderer, nicht ganz so naheliegender Blickwinkel oder eingrenzender „Bildrahmen" ermöglicht es oft, eine verfahrene Situation verblüffend neu zu verstehen und viel zielführender zu bewerten. Allzu gewohnte Perspektiven werden dazu probeweise einmal mit anderen Augen suspendiert, enthüllen bisher übersehene Züge in einem versuchsweise geänderten „Bezugssystem". Die kreative Beweglichkeit solch *hypothetisch* in Gedanken durchprobierter Bilderrahmenwechsel lässt sich durchaus antrainieren und damit die Originalität von „Problemlösungskapazitäten" – puh!

Statt endlos neue Einzelheiten aufzuhäufen und in ein mechanisch gewordenes Gesamtbild (Basistheorie) einzutragen, ist es zuweilen, wenn das nicht helfen will, ungleich fruchtbarer, geistesblitzartig nur den umgreifenden Hintergrundszusammenhang selbst zu variieren.

*Vulgo* : Manchmal sieht man den Wald vor lauter Bäumen (oder die Bäume vor lauter Wald) nicht mehr. Dann kann es helfen nachzusehen, ob es sich überhaupt um einen Wald handelt (oder Bäume) oder vielleicht nur um ein entwendetes Zeltdach unterm nächtlichen Sternenhimmel.

Was vollzieht alle Philosophie seit *Sokrates* denn anderes als solch unablässige hypothetische „Paradigmenwechsel" *(Thomas Kuhn)* in Grundgedanken (und keine empirisch testbaren Tatsachenvermehrungen innerhalb einer je einzelwissenschaftlichen Theorie)? Wenn ein Theorie-Kern immer kompliziertere Hilfskonstruktionen und umständlichere Zusatzannahmen braucht, um nicht hineinpassende Beobachtungsdaten noch erklären zu können, wird es Zeit, sich nach einer alternativen und einfacheren Theorie umzusehen, statt die alte immer weiter auszuflicken. *Albert Einstein* z.B. war solch ein gewitzter Sherlock Holmes der Physik um 1900 gewesen, als allein er das Zeltdach über Raum, Zeit und Materie vermisste.

Besonders geniale philosophische Sherlock Holmes der europäischen Geistesgeschichte waren da z.B.: Platon, Aristoteles, Thomas von Aquin, Descartes, Spinoza, Leibniz, Kant, Fichte, Schelling, Schopenhauer, Nietzsche, Husserl, Heidegger, Adorno und Wittgenstein – open end ...

# Gibt es stille Idylle noch ungiftig?

## *Naturökologismus oder Schäferpoesie?*

Der Pater-Brown-Erfinder *Gilbert Keith Chesterton* erinnerte in „Verteidigung" vor über einem Jahrhundert daran, dass nur Zweierlei die letzten zwei Jahrtausende überlebt habe, die Realfigur des christlichen Seelenhirten ("Der HErr sei mein Hirte, mir wird nichts mangeln") und die Idealfigur des kunstbukolischen Schafhirten. „Weide meine Lämmer!"

Der Hirt deutet an, dass es nicht darum geht, das Landleben gegen unsere Stadtkultur zu verteidigen, sondern das voragrarische und vorfeudalistische „Goldene Zeitalter" der unidealisierten nomadischen Jäger und Sammler, Wanderschäfer und Fischer, also die unberührte Landschaft gegen die sesshafte Landwirtschaft und urbane Hochkultur.

Der geruhsam seinen Herden hinterherziehende, müßiggehende Viehhirte, nicht der landeinzäunende und verflucht ackernde Bauer, Vieh- und Getreidezüchter, ist der Mittelpunkt des ideal-idyllischen Lebens im statischen *Raum* der menschenarm freien Natur und nicht in der dynamischen *Zeit* kollektiver Aktionen und Naturbearbeitungen.

Die Handlung von Literaturidyllen z. B. beschränkt sich gewöhnlich auf wenige sparsame und schonende Bewegungen, die nur dazu dienen, den Spielraum für die Einbildungskraft auszuspannen. Ein gleichsam horizontales Leben ohne steilvertikale Machthierarchien also, ohne Herr und Knecht, Bodenbeackerung und Erfolgsstress, Ausbeutung und Unterdrückung von Mensch und Natur.

Ahnherr der idyllischen Dichtung war der Grieche *Theokrit* um 270 v. Chr., und der augusteisch euroklassische Römer *Vergil* verfeinerte dann diese naiv derbere Naturlyrik in seinen fast arkadisch eleganten „Eklogen" um 40 v. Chr., seinen idealnomadischen „Bucolica" vor den agraridealen „Georgica".

Der *Locus amoenus* verlagerte sich geschichtlich vom elegischen Sehnsuchtsort der freien Natur in die noch freiere Kunst, bis der Argentinier *Jorge Luis Borges* im 20. Jahrhundert vom stillen Bücherparadies einer „unendlichen Bibliothek" schwärmte.

Das mythische „Arkadien" schwankt seither je nach Zeit- und Individualgeschmack zwischen theokritischer *Naturidylle* und vergilischer *Kulturidylle* − einer Geistesidylle, die innerhalb der Hochkultur deren Gegenteil feiert und am Ende nur noch die gelehrte Muße in der Dichter- und Denkerklause fernab vom verachteten und gefürchteten Weltgetriebe : *Otium cum dignitate et studio, "procul negotiis"* (*Horaz* im *Sabinum* fern aller Geschäfte).

Seinen Höhepunkt erlebte das europäische „Literarkadien" 1756 in den „Idyllen" des Schweizer Dichters und Malers *Salomon Geßner,* vom Frankreich *Rousseaus* begeistert begrüßt. Die Kette der europäischen Idyllenpoesien von Petrarca, Sannazaro, Ariosts „Aminta", Spensers „Féerien", Vossens „Luise", Goethes „Hermann und Dorothea" u. a. reißt erst mit dem 1. Weltkrieg des 20. Jahrhunderts so gut wie abrupt ab. Seit diesem „Kulturbruch" sieht man nur noch trügerische und *giftige Idyllen,* gemessen am Horror der industriellen Materialschlachten des abendländischen Zivilisationsdesasters. Die altehrwürdige Bukolik verkommt nun in den Augen der aufgeklärt ernüchterten Zeitgenossen zum Kunstgewerbekitsch samt Harmonie-Ideologie und die sanftere Idyllenmalerei zur quietschbunten „Postkartenidylle".

Und mit heute sogenannten *giftigen Idyllen* sind hier keine umweltverseuchten Wiesen, Wälder und Felder gemeint, sondern die Lebenslügen darin.

In der Euro-Malerei gibt es eine geschwisterliche Tradition idealer Wunschlandschaftsbilder (Lorrain, Watteau etc.), die einen utopie-mythischen *Locus amoenus* gegen den *Locus terribilis* überzüchteter Stadthochkulturen in ihre Schaufenster stellen. Die kritischen Pragmatiker sehen solche Trivialkunst nur als prämoderne Vorläufer verkitschter Film-Ikonographien und Video-Ästhetiken.

Wie viel reales Grauen der barbarischen Welt muss aus solchen Stillleben rigoros und barbarisch ausgeblendet werden, heißt es oft. In der Tat kann man neben Trivialkünsten und Kunstgewerbe auch touristisch ausgebeutete Urlaubsidyllen bis heute nicht ganz ohne Schrecken wahrnehmen. Ihre „verkehrsberuhigte Lage" erstickt und versteckt die unablässigen Schreie der Opfer in den Folterkellern der Welt oder z.B. von Kinderbergarbeitern, die in ihrem kurzen Leben nie die Sonne sehen.

Idyllen lügen und betrügen auch, nicht indem sie bloße Utopien von Morgen an die Wand malen, sondern das oft komfortable Grauen von Heute verschleiern und vergessen helfen und eine Harmoniewelt ohne Not und Tod, Hunger und Krankheit, Unterdrückung und Ausbeutung vorgaukeln.

Ein Denker, der sich in keinem Augenblick seines Lebens über diesen allein wirklichen und allein wesentlichen Kern der ganzen Welt hinwegtäuschte, war *Arthur Schopenhauer* im fortschrittsgläubigen und relativ krisenverschonten 19. Jahrhundert, wenn er dringend empfahl, gerade im vollen Bewusstsein dieser desolaten und in seinen Augen unaufhebbaren Elendssituation des Menschen sich eine „feuerfeste Kammer in der Hölle" des Irdischen zu bauen und sich dorthin wenn möglich schleunigst zurückzuziehen, möbliert mit intellektuellen und künstlerischen Geisteswerken statt mit den (Un)Taten der Großen.

„Dieses intellektuelle Leben schwebt, wie eine ätherische Zugabe, ein sich aus der Gärung entwickelnder wohlriechender Duft, über dem weltlichen Treiben, dem eigentlich realen, vom Willen geführten Leben der Völker, und neben der Weltgeschichte geht schuldlos und nicht blutbefleckt die Geschichte der Philosophie, der Wissenschaften und der Künste." („Parerga und Paralipomena" II, 1. Teilband, Kap 3, § 52)

Darin sah Schopenhauer eine rational legitimierte, eine erwachsene und nicht mehr infantile Wunschdenkidylle für jedermann jederzeit immer schon hier und heute erreichbar. Das Paradies ist immer gleich nebenan, nicht im Wolkenkuckucksheim der Utopiefabrikanten und Tagträumer, Faulpelze und Taugenichtse. Idyllik ist Eskapismus, sicher, aber Entrüstung über Flucht aus den Realitätsgreueln stünde einer Welt schlecht an, die wohl allen Anlass bietet, vor ihr Reißaus zu nehmen – „wohin anders als anderswohin?" *(Charles Baudelaire)*

Der wichtigste Prosa-Idylliker der neueren Zeit, *Jean Paul* (Richter), machte sie sogar zur Satire, also eher ihrem Gegenteil. Es gibt zahllose Satiren auf Idyllisches, aber jede Idylle ist ihm selber eine Satire auf das moderne Leben in der modernisierten Welt. Das arme "Schulmeisterlein Wuz" schreibt sich die Bücher selber, die er sich nicht leisten kann zu kaufen. Im Vorwort zum "Leben des Quintus Fixlein" schreibt der bedeutendste satirische Idylli-

ker und idyllische Satiriker des Landes : Der erste
Weg, glücklicher zu werden, sei es, "so weit über
das Gewölke des Lebens hinauszudringen, dass man
die ganze äußere Welt mit ihren Wolfsgruben,
Beinhäusern und Gewitterableitern von weitem unter seinen Füßen nur wie ein eingeschrumpftes Kin-
dergärtchen liegen sieht. Der Zweite ist − gerade
herabzufallen ins Gärtchen und sich einheimisch in
eine Furche einzunisten, dass, wenn man aus seinem
warmen Lerchennest heraussieht, man keine Wolfsgruben, Beinhäuser und Stangen, sondern nur Ähren
erblickt, deren jede für den Nestvogel ein Baum und
ein Sonnen- und Regenschirm ist."
Sehet die Lilien auf dem Felde ...

„Et in Arcadia ego“, sagte „Freund Hein“ − oder im
Sinne von : Das Paradies liegt stets gleich nebenan.


(Zu empfehlen ist besonders die antiquarisch noch
preiswerte Anthologie „Idyllen der Deutschen“ (In-
selverlag, Frankfurt/M. 1978) mit einem kenntnis-
reichen Vorwort ihres Herausgebers *Helmut J
Schneider*. Außerdem sollte in jedem Haushalt ein
Auswahlband mit Naturpoesie stehen.)

# Fremde Filiationen

Die Epitase ist jedesmal profus und insidiös, auch bei interstitiellen Ingerenzen. Seien Sie da indulgenter! Insipider Insult inhibiert die insimuliertesten Immersionen, wenn die Kollusion der komptablen Komitien blüht. Ein Konspekt über einschlägige Kollektaneen ergibt regelmäßig Kontusionen bei jeder Kontrektation, und das obstinate Erotema könnte konzinner nicht werden.

Miserabilismus wird Flucht in Sucht und Sehnsucht. Die *anima naturaliter monastica* hat philotime Parrhesie, also *fictor sui ipsi*. Empirie ist immer unterbestimmt, und urgiert Folgerungsmengen von Ureinschlüssen in einem sinnevakuierten Dasein. Eigennamen lassen sich ja durch Kontextdefinitionen leicht wegparaphrasieren. − Alle Sezession ist letztendlich doch Elevation en titre, solange dein *semantic ascent* belastet wird vom Problembestand anderer Zahlen, und die sind Klassen von zahllosen Klassen. Der Psychoklasmus von Petroglyphen bewirkt jedesmal ein ökomonastifiziertes Nullwachstum, obschon Rekosmierungstrends im psychotisierten Zeitgeist seltsam polyvalent geraten. Fragmentiert auskristalliserte

Affektwelten beflügeln immer wieder ontokinetische Akosmizitätsgnostiker zu Sturzgeburten aus der Mater dolorosa in Materie in jeder Utrodizee. Man muss in die Rolle fallen, coute que coute, succès fou!

Quines Stratifikationen gegen Paradoxableitungen des *fascinum*, das sich voraussetzungsoffen ausgewurzelt hat, wenn es monographiert in deinem Rede-Squasch gegen Gesichtswände. „Der Philosoph muss in gewisser Weise mit dem Auge Gottes sehen", schrieb Philosoph *Theodor Litt* 1948. Spiegeln auskomponierte Dissonanzen in musikalischer Planwirtschaft vielleicht die rationale Kunstdestrukte sozialsegmentierter Evidenzbasiertheiten in Crewings?

Kryptamnestische XXL-Philosopheme reißen schon die EQ-Latte in auskultierten Gruppenpalpitationen. Die Betrachtung eigener Größe-ohne-Werke, contemplatio caligene divina, liebt ihre Feindbilder und ist keine Seilschaft im Angesicht von Landschaft, ja, 70 % der russischen Bevölkerung will Pressezensur und Rezeptionsblockade bei Produktentfesselung.

Leben ist Spielen in Schutzzonen ohne Trutzzeiten, und die Sprache wird zum Schneckenhaus des Seyns. Fight or flight, have fun or die, rufen die fakultativen Euphone mit ihrer Minutula. Ihre Kopräsenz promovierte zu Gesetzesrang mit Symmetriebrüchen im Binnenmilieu autokatalytischer Häfen. Abwägungsfeste Komplotteure mit ihren *entia scribentia* verüben ihr strengstens erlaubtes, abschlussresistentes Kosmobashing als *terror des moeurs*. Ihre idée maitresse ist ein perzeptualisiertes Asylum ignorantiae, und ähnelt Huysmans „Sieg der Nerven über das Blut". Defraudante Proskynese wird zur bullösesten Echopraxie in der Hebetudo cerebri. – Hyponyme Hyperonyme exzerberieren zwar keine oniomanische Rekurrenz im urspinösen Raptus phäakischer Scoops, doch das torpide Semem der Sykophanten und hat venenum in cauda. Leben ist Seufzer zwischen zwei Rätseln, sobald x in y umgewidmet wird. Lampenfiebert der Ireniker vorm Jüngsten Gericht? Deus nobis haec otia fecit, etsi deus daretur. Auch Heine machte aus deutschen Eichen keine Galgen für die Reichen.

Aphoristik ist gesampelte Prima-facie-Philosophie von Äquivoken aller BoBo-Kukidents. Secondlife people sind freischwebende Virtualsingles für soziales Take-off : Restlaufzeit der Geschichtssieger im Club-Chilling Beine muskulieren und sind Hasbeens.

Facta et verba volant, scripta manent? Hochtourige Turbometaphysik hat uns sehr hyperzugetextet. Beim Jungen kommt es schnell, beim Greis eventuell – ne quid nimis. Ein Ausordnen ist besser als Einordnen. Grenzphilosophische Freelancer verehren schon die Volksvenus kalypygos. Erstammelt euch keine Wahrheiten, geht barfuß, aber seid Hemmschuh, passando parlando glissando, denn Aufstaunen beendet Entflimmern und Vergrotten ad nauseam.

Regaliert mich bitte nicht, indem ihr mir Musolepsie zudefiniert und mich zum Plastron macht! Da brennt der Stammbaum, wenn den Mächtigen auch noch Kopfkissen unterlegt werden. Der Mensch ist ein animal disputax, and sex does'nt pay. Würde ich nicht noch leben, drehte ich mich jetzt im Grabe rum. Gibt es ein impräzises Superarbitrarium? Die idée directrice liegt immer in den Remota. „Das Spiel ist immer nur eine Art, seine Gesundheit zu genießen", schrieb *Alain*. Wahrnehmen heißt anfangen, denken heißt enden, dazwischen liege kein Handeln, sondern Halbschlaf. Sind Mathematiker etwas eher Arbeiter als Denker? Kann man sich immer noch aufhängen, wenn alle Stricke reißen? Integer vitae, name it and shame, und Sterne berühren mit erhobenem Haupt! Ich kann mich nicht ermäßigen zu Rodomontaden und Rezeptionsvorgaben in der Relevanzproduktion, denn die Zukunft hat ihre Vergangenheit ja noch vor sich. Der Grad meiner Empörung ist begrenzt durch Dyslexien. Unbündig faul trau ich andern zu, was ich selber tu, und wenn Sie mit mir reden, sehen Sie hier rein, in mich rein! Diese filiationskettungsgefesselte Kausalität kerkert mich nude crude, und ich verstehe mich darauf, aus meinem Naturell nicht herauszufinden und bin allen Mißverständenissen versprochen. Zitate sind meine Eideshelfer. Wortall ist kein wahrheitsimmunes Geldall; hoffentlich hält es uns aus, aus der Höhle in die Hölle und zurück! Kein Geldverkehr ohne Weltverzehr. It all depends upon you mean by Friktion. Zen-Generationen haben nicht genügt, ein gutes Bonmot abzunützen. Die Ekpyrosis wird ein Terrazid sein, decrescit eunde. Wenn man Kunst kann, ist es keine mehr, das macht dem Schaffen Mut und dem absinnigsten Übermut kaum zu schaffen. Wach auf und träum! Kummer macht komisch und macht kitschig, denn der Arbeiter arbeitet, und der Chef scheffelt. Spiralisierte Simplizitätsreduktion ist irreproduzibel abgefeiert, obwohl das Kerngeschäft dafür steht, dem Eindruck einen Abweg durch jeden Ausdruck zu bahnen. Bitte erst den Kopf aus der Erde ziehen und sie dann er-fahren, die Philosophie vertont nur die Körper. Möge es uns beschieden sein, in einer uninteressanten Epoche zu sterben. Illiterate Deroute ist nur aufgeschulte Emphatisierung, die Stoff für Zoff meliorisiert & die muckrakers kleinschmunzelt. Spazierengehen ist horizontale Himmelfahrt mit evidentiellem Tangentialgewicht.

## Die Wut ist gut, die mir nichts tut

Zorn brennt in den Eingeweiden:
Die Frommen und die Heiden,
Die konnten sich nie leiden
Und müssten sich wohl meiden.

Die Heiden und die Frommen,
Ob die je zusammenkommen?
Jeder dieser beiden leidet,
Eh´ er den andern ausgeweidet.

Frischer Mut will sieden,
Feigheit faulen Frieden,
Vergiftet dann von innen
Menschen und Menschinnen.
Die Wut sieht puterrot
Und zielt auf einen Tod.

Steig in den Ring, du Feigling!
Wer vor Wut nie kocht, der war
Dann am Ende „nicht ganz gar"?
Die Wut kocht sich nicht selber weich.
Kocht sich vor Wut der Arme reich?
Wut kocht lieber
Ins Morden über.

Nur rote Aggression
Treibt schwarze Depression
In helle Progression.
Hab Wut auf mich
Und nicht auf dich,
Mein lieber Wüterich!
Der Mensch wird bald bösartig,
Ist er nur stets bös artig.

Leichen : weiß und blass.
Leben : roter Hass.
Der Beste wird zum Biest,
Wenn er nie Bestien schießt.

Kocht mir mal das Blut,
Seid nur auf der Hut,
Ihr verdammte Brut!
Braucht Wut auch Mut?
Mir fehlt nur Hochmut
Vor lauter Demut
Oder Schwermut.

Zorn im Kopf und Wut im Bauch,
Getreten haben sie dich auch.
Werden die Massen allmählich
Doch wieder klassenfeindselig?

Bitte auch wieder redselig
Statt nur rühr- und armselig!
Ohnmacht ist immer im Recht,
Macht ist schlecht und gerächt.

„Selig sind die Friedlichen"
Oder doch die Ungemütlichen?
Selbst die Himmlischen ließen
„Schalen des Zorns ausgießen".
Ist durch heiligen Zorn
Nicht manches besser wor'n ?
*Heiliger Zorn* mit gutem Gewissen
Hat Teufel zusammengeschissen
Und sie hart bestrafen müssen.

(Die Sache ist rein.
*„Die Rache ist mein".*
Ist nur die Sprache dein,
Mache und Lache nie fein?)

Ich wüt' nicht gegen Virenschutz,
Auch selten gegen Umweltschmutz
Oder politischen Eigennutz:
Ich bin klein,
Mein Herr ist rein.

Aller kalte Zorn
tutet ins alte Horn :
Immer geht's vom heissen Wort
in die Folter und zum Mord.
Fressgier lebt von Wut
auf das zu fressende Gut.

Und wirst du nicht getötet,
hast du selbst genug getötet
und nur sanft dazu geflötet,
was deine Wangen lieblich rötet.

Auf zum Coronamaskenball
der einsamen Hochrisikogreise,
um dann bald zu zweit
in die Sargkiste zu springen?
Hatte dein Kampf Erfolg, heißt´s :
Sieh, ohne das ging´s doch auch!

"Des Volkes Seele kocht"?
Da ward es eingelocht,
bevor es für sich focht.
Es hat ja nie vermocht
zu tun, was es gemocht.

## Gott sei Gedanke!?

Am Anfang war das Vorwort

Wissen Sie heutzutage auch manchmal nicht mehr, was richtig und was falsch, was gut und was schlecht, wo links und rechts, wo oben ist und wo unten? Haben Sie deshalb bitte keine Minderwertigkeitsgefühle, Sie stehen damit nicht allein : „Ich verzweifle, also bin ich noch", sagte der Vater des modernen europäischen Denkens. Psychoanalytisch gedeutet, ist die Fähigkeit, Ungewißheit zu ertragen, statt sich an schreckliche Vereinfachungen zu klammern, das Erkennungszeichen solider 'Ich-Stärke und Komplexitätstoleranz'.
Die brauchen Sie aber auch.

Von allen anerkannt ist nur noch, daß sich schon heute wieder infragegestellt sieht, was noch gestern von allen anerkannt war. Was heute früh als halbwegs gesicherte Erkenntnis gilt, mag heute Abend schon heillos überholt sein, und was heute Abend ausgelacht wird, ist morgen früh bewundert. Gestern brauchte ein Baby in den drei ersten Lebensjahren als 'primäre Bezugsperson' unbedingt noch seine Mutter, heute nur noch eine Leihmutter und morgen schon vielleicht einen leiblichen Vater, wer weiß. Gestern brauchte man noch so etwas wie eine Religion, wenigstens eine Weltanschauung, mindestens eine antikapitalistische Aktionsperspektive. Heute beginnt die ideologische Haltlosigkeit dort, wo einer im Leben überhaupt noch einen Halt braucht. Gestern war eine imperialistische Wachstumsgesellschaft nur noch ins rote Paradies umzufunktionieren, heute bleibt kaum mehr als die trübe Aussicht auf einen ökollektiefsinnlichen „Ökommunismus" als gerechten Mangelverwalter inmitten vergifteter Ressourcen. Gestern brauchte der Friede hierzulande noch amerikanische Atomraketen, heute genügen dafür schon wieder die eigenen konventionellen Waffenschmieden.

Wollen Sie wirklich warten auf das, was nur eine Frage der Zeit ist : die Liquidierung all dessen, was Sie heute noch für wahr und gut und schön und heilig halten wollen? Warum klammern Sie sich noch an Erfahrungen und Lernprozesse, die schon veraltet sind in dem Moment, wo sie gegen ihre Vorgänger verteidigt werden müssen?

Wenn es denn sein muß, und kommen wird es ja doch, so oder so, nicht wahr : Warum dann nicht gleich Herr seines Schicksals bleiben, statt von

immer neuen kulturellen Säuberungswellen über-
rumpelt zu werden? Warum mit hängender Zunge
dem Zeitgeist nachrennen wie der Hase dem Igel? —
Sparen Sie Energie.

Verschanzen Sie sich doch nicht hinter dem jeweils
letzten Stand der Wissenschaft oder anderer Religi-
onen, schon morgen werden Sie einen leeren Mantel
in den Händen halten. Kommen Sie endlich allen
bitteren Enttäuschungen und demütigenden Verun-
sicherungen zuvor und breiten Sie selbst schon heute das Leichentuch aus über die Basisüberzeugun-
gen, die Sie erst übermorgen haben und mit Ihren
Feinden teilen werden. Der nächste Vergeltungs-
schlag der Meinungsindustrie auf Ihre gesichertsten
Gemeinplätze kommt bestimmt. Beugen Sie Ihrem
eigenen dummen Gesicht vor, also dem Dumpf-
hammer der allernächsten Tendenzwendehälse.

Ohne Ihnen zu nahe treten zu wollen, gehören Sie
doch auch zu jenen, die es dem Überbaubetrieb zu
überlassen pflegen, Sie durch unvorhersehbare Ha-
kenschläge in Anpassungsverlegenheit zu bringen
und in peinliche Rückzugsgefechte zu verstricken,
statt allzeit auf der Höhe der eigenen Orientierungs-
losigkeit zu stehen. Sind Sie wirklich der, welcher
mit Grundgesetz, Bibel und Scheckheft in der Hand

gelassen auf sich zukommen lassen kann, was auf Sozialismus und, sagen wir mal, feministische Umweltfriedensbewegung folgen wird? — Na bitte.

Und dann ist es ja nur noch ein kleiner Schritt bis zur zähneknirschenden Anerkennung, daß so etwas trainiert sein will wie alles, das nicht zu traumatischen Trennungsschocks führen soll.

Die antiautoritäre Kindererziehung, die totale Mitbestimmung, die Vergesellschaftung der Produktionsmittel, das Feministerium für Emanzipationen, die Heiligsprechung der sexuellen Äußerungen unserer Kleinsten, der reine Rhein, Krieg dem Krieg: Ein alter Hut schon vor aller Realisierung, oder? Um des Überlebens willen, werden Sie rechtzeitig sattelfest in der Neuen Konfusion, wagen Sie die Flucht nach vorn. Es besteht wirklich kein Grund, vor diesen Aussichten in Apathie, Verbitterung, Ressentiments oder Zynismus auszuweichen.

Wir haben eine Reihe kleinerer geistiger Zumutungen ausgesucht, an denen Sie überprüfen mögen, ob Sie schon reif sind für ein solches Leben, das sich auf nichts verlassen kann als auf seine Verlassenheit von allen guten Zeitgeistern.

In einer Zeit, da der mittelständische Kleinbürger sich für einen immer erbarmungsloseren Konkurrenzkampf in *encounter groups* fit hält durch Kreativitäts-, Intelligenz-, Kommunikations-, Diskurs- und sensitivity training, in einer Zeit, wo zu denken gelernt wird, in 15 Tagen sei das Denken gelernt, ist es Zeit geworden, sich zu 'desensibilisieren' gegen den mörderischen Rotationsstress fachwissenschaftlicher und lebenspraktischer Grundwertorientierungen. Noch haben Sie Zeit, sich ganz spielerisch dessen zu entwöhnen, was Ihnen nur allzu bald sehr brutal genommen werden wird, wenn Sie nicht ...

Kurz : Wir wollen Sie nicht erpressen, indem wir die Wahrheit an die Wand malen, aber wenn Sie die folgenden kleinen geistigen Anfechtungen für fortgeschrittene Anfänger mit dem Pokergesicht des apokalypsenfesten Hilfsstoikers schlucken, müßten Sie auch gegen ernstlichere kulturelle Erdbeben eine Spur besser gewappnet sein als Ihre Lebenslaufrivalen. Sollten Sie jedoch auf die Hälfte der folgenden Binsenweisheiten von morgen noch mit Groll und Vorbehalten, trotzigem Stupor oder ähnlichen seelischen Abwehrmechanismen reagieren, dürfte das Maß Ihrer Flexibilität den derzeitigen lausigen Anforderungen vielleicht noch gerade genügen.

Eines Kafkamorgens werden Sie damit allerdings nicht mehr überangepaßt genug sein, um der psychosozialen Deklassierungspanik zu entgehen.

Selbst wenn unsere bescheidenen Teststöße vor den Kopf Ihnen nur ein müdes survivalistiges Insiderlächeln entlocken sollten, bestünde wenig Grund, der allfälligen Zukunft übermütig gefaßt entgegenzusehen, kann es sich hier doch nur um den linden Vorgeschmack auf eine solide Überlebensgrundausbildung handeln, zu der wir ermuntern und ermutigen wollen, nicht mehr und eher weniger. Wir müssen hier Ihren Fähigkeiten und urteilsvermögenswirksamen Leistungen noch viel zu sehr schmeicheln, als daß unsere propädeutischen Übungen schon den Ernstfall des rauen künftigen Umweltuntergangs simulieren könnten.

Man kann sich nicht einmal darauf verlassen, dass all diese dummen Sprüche nur Fehlurteile sind: Trenn selbst die Weu vom Spreizen!

## Neue platonische Ideen?

### *(Aus Sekundärliteratur zum Aphorismus)*

„Sei kurz im Wort und ausführlich im Denken."
(Sprüche der *Ssoferim*).

„Der Philosoph ... verfaßte auch selbst viel Sprüche ... Die Worte erfahrener Lehrer wirken wie der Stachel, mit dem der Bauer seine Ochsen antreibt. Sprüche gleichen eingeschlagenen Nägeln; sie bleiben fest sitzen. Sie sind eine Gabe Gottes, des großen Hirten. Hüte dich, mein Sohn, vor anderem mehr; denn viel Büchermachens ist kein Ende ..."
*(Buch Koheleth* 12, 8 - 12)

*Plato* über Ur-Aphoristiker *Heraklit,* den Dunklen, und die Herakliteer : „Wenn du einen etwas fragst, so ziehen sie aus einem Köcher rätselhafte kleine Pfeile hervor und schießen diese ab; und willst du eine Erklärung, wie es gemeint gewesen, so wirst du von einem ähnlichen getroffen ..." *(Theaitet* 180a)

„Der aufmerksame Forscher setzt aus solchen For-
meln eine Art Alphabet des Weltgeistes zusammen." „So müssen wir uns die Wissenschaft notwendig als Kunst denken, wenn wir von ihr ir-
gendeine Art von Ganzheit erwarten."
*(Goethe,* 1818)


„Die vollendete Form der Wissenschaften muß poe-
tisch sein. Jeder Satz muß einen selbständigen Charakter haben — ein selbständiges Individuum, Hülle
eines witzigen Einfalls sein." *(Novalis)*


„Die wichtigsten wissenschaftlichen Entdeckungen
sind bonmots der Gattung." „In der Philosophie geht
der Weg zur Wissenschaft nur durch die Kunst ..."
„Alle Kunst soll Wissenschaft und alle Wissenschaft
soll Kunst werden; Poesie und Philosophie sollen
vereinigt sein." *(Novalis)*


„Die eigentliche Form der Universalphilosophie
sind Fragmente ... Aphorismen als Notizen der in-
nern Symphilosophie." *(Friedrich Schlegel)*


„Von der Kunst aus kann man dann leichter in eine
wirklich befreiende philosophische Wissenschaft
übergehen." *(Friedrich Nietzsche)*

„Der Philosoph vergesse nie, daß er eine Kunst treibt und keine Wissenschaft." *(A. Schopenhauer)*

„Insofern ist das ästhetische Moment... der Philosophie nicht akzidentell ... an ihr ist die Anstrengung, über den Begriff durch den Begriff hinauszugelangen ... Kunst und Philosophie konvergieren in deren Wahrheitsgehalt." *(Theodor W. Adorno)*

„Der Aphorismus ist die Philosophie in äußerster Nähe zur Herrschaft – der Hofnarr unter den literarischen Gattungen." *(H. Schweppenhäuser,* 1966)

„Adorno hat den schlagenden Aphorismus als die angemessenste Form der Darstellung betrachtet; der Aphorismus kann nämlich als Form Adornos heimliches Ideal der Erkenntnis zur Sprache bringen, einen platonischen Gedanken, der sich im Medium der begründenden Rede nicht, jedenfalls nicht widerspruchsfrei ausdrücken läßt : daß Erkenntnis eigentlich das Gefängnis diskursiven Denkens sprengen und in reiner Anschauung terminieren müsse." *(Jürgen Habermas :* „Nachmetaphysisches Denken", Frankfurt/M. 1988, S. 262)

„Philosophie dürfte man eigentlich nur dichten."
„Was ich auch immer schreibe, es sind Fragmente."

„A serious and good philosophical book could be written and would consist entirely of jokes."
*(Ludwig Wittgenstein)*

Der Philosoph *Ulrich Asemissen* sah 1949 im Aphorismus die literarische Form des philosophischen Paradoxes, den Spruch als reifen Selbstwiderspruch.

„Wenn alles ineinanderpaßt, wie bei einem Philosophen, hat es nichts mehr zu bedeuten. Getrennt verletzt es und zählt es." *(Elias Canetti :* „Die Provinz des Menschen − Aufzeichnungen 1942 - 1972")

„Aphoristisches Denken ist wesentlich Lebensphilosophie, Elementarphilosophie." „Der Aphorismus ist die älteste, die einfachste und die allgemeinste Form philosophischer Erwägung." *(H. Margolius)*

„Seltsam genug, daß die Philosophen selbst eine außerordentlich hohe Wertschätzung der Aphoristiker und ihrer Werke bekunden ... John Stuart Mill war voll des Lobes über die Betrachtungen Marc Aurels wie über die Maximen Chamforts. Schleiermacher, Nietzsche und Kierkegaard vereinen sich in ihrer hohen Wertschätzung von Lichtenbergs Aphorismen. Und Schopenhauer sieht in Lichtenberg das vorzüglichste Beispiel des „wahren Philosophen".

Schopenhauer und Nietzsche stimmen beide im Lob
der französischen Aphoristiker La Rochefoucauld,
Vauvenargues und Chamfort überein. Wilhelm
Dilthey lobt ihre psychologische Klugheit ... Aphorismen waren bei den Philosophen in China, in In-
dien, Ägypten, Juda und Griechenland gebräuchlich,
lange bevor Hippokrates ihnen in seiner Sammlung
medizinischer Grundsätze und Ratschläge ihren
Namen gab. Francis Bacon war wahrscheinlich der
erste, der sich mit dem Aphorismus als einer be-
stimmten Weise und Methode des Philosophierens
befaßte."
*(Hans Margollus : „*Aphorismen und Ethik", 1963)

„Das Schreiben in Aphorismen hat sehr viele Vor-
züge, an die die systematische Vermittlung nicht
heranreicht. Erstens nämlich stellt es den Verfasser
auf die Probe, ob er leichtfertig oder solide arbeitet.
Wenn Aphorismen nicht lächerlich wirken sollen,
müssen sie aus dem Mark und dem Kern der Wissenschaften gewonnen werden. Abgeschnitten wird
nämlich jede Veranschaulichung und jeder Exkurs;
es fällt fort jede Vielfalt der Beispiele, jede Herlei-
tung und Verbindung und jede Beschreibung der
praktischen Anwendungen, so daß als Stoff der
Aphorismen nichts übrig bleibt als eine reiche Men-
ge an Beobachtungen. Daher wird nicht jeder der

aphoristischen Lehrweise genügen, der nicht reiche
und gründliche Sachkenntnisse zum Schreiben besitzt ... Weil hingegen die Tatsachen im Alltag ver-
streut liegen und nicht nach einer Ordnung zu-
sammengefügt sind, entsprechen ihnen auch eher
verstreute Zeugnisse. Da schließlich Aphorismen
Wissensbrocken bieten, laden sie dazu ein, weitere
hinzuzufügen, während die systematische Darstellung, die mit einer vollständigen Wissenschaft des
Ganzen prahlt, die Menschen sogleich zu sicher
macht, als hätten sie schon das Höchste erreicht."
*(Francis Bacon :* „ The Advancement of Learning“,
1605) „Und obgleich viele Dinge in der Natur ein-
zigartig und voller Ungleichheit sind, dichten sie
dennoch Parallelen, Entsprechungen und Beziehun-
gen hinzu, die nicht bestehen."
*(Francis Bacon :* Novum Organum, 1620, Nr. 45)


„Der berühmte Baco von Verulam hat schon gesagt,
und wir haben es wahr befunden, daß in einer Wissenschaft nicht viel mehr erfunden wird, sobald sie
in ein System gebracht worden ... Was Bacon von
der Schädlichkeit der Systeme sagt, könnte man von
jedem Wort sagen." *(G. Chr. Lichtenberg,* 1773)


„In ihren Werken verflechten sich Philosophie und
Kunst, der Verstand kann ... die Sprache des Witzes,

der Esprit ... kann die Sprache der Philosophie
sprechen ... Sentenzen als die 'saillies' der Philosophen." *(Fritz Schalk, 1933)*


„In Aphorismenbüchern gleich den meinigen stehen
zwischen und hinter kurzen Aphorismen lauter ver-
botene lange Dinge und Gedankenketten und Manches darunter, das für Ödipus und seine Sphinx
fragwürdig genug sein mag." „Eine Sentenz ist ein
Glied aus einer Gedankenkette; sie verlangt, daß der
Leser diese Kette aus eigenen Mitteln wiederherstel-
le ... Eine Sentenz ist eine Anmaßung."
*(Friedrich Nietzsche, 1879)*


„Es gibt zwei Arten von Weisheit ... Die erste ist
jene Weisheit, die auf langen Ketten von Schlußfol-
gerungen beruht ... Die zweite ist jene, die durch die
Lebenserfahrung erlangt wird ... Diese unsystemati-
sche Weisheit, in allen Perioden der Geschichte von
scharfsinnigen Geistern aus ihrer persönlichen Er-
fahrung abgeleitet, wird mit Recht die ewig gültige
Weisheit der Jahrhunderte genannt ... Die Form, in
der diese Art der Philosophie sich auf höchst natürliche Weise verkörpert, ist die der Aphorismen."
*(John Stuart Mill, 1836)*

„Aphorismen sind wahrscheinlich die beste Art und Weise, philosophische Urteile darzulegen." *(Tolstoi)*

„Sprachkürze gibt Denkweite ... Wenn philosophische weniger als schöne Geister gern mit Sentenzen, Genieblitzen und Feilstaub auftreten : so hält die Welt sie mit Vergnügen für Philosophen."
*(Jean Paul* Richter*)*

Für Fr. *Nietzsche* „macht die aphoristische Form Schwierigkeit: sie liegt darin, daß man die Form heute nicht schwer genug nimmt."
(„Genealogie der Moral", Vorrede)

„Der Aphorismus, die Sentenz, in denen ich als der erste unter Deutschen Meister bin, sind die Formen der 'Ewigkeit'; mein Ehrgeiz ist, in zehn Sätzen zu sagen, was jeder andere in einem Buche sagt — was jeder andere in einem Buch *nicht* sagt ..."
(„Götzendämmerung", Nr. 51)

„Es gibt Wendungen und Würfe des Geistes, es gibt Sentenzen, eine kleine Handvoll Worte, in denen eine ganze Kultur, eine ganze Gesellschaft sich plötzlich kristallisiert."
(„Jenseits von Gut und Böse", Nr. 235)

„Ein Aphorismus, rechtschaffen geprägt und ausgegossen, ist damit, daß er abgelesen wird, noch nicht 'entziffert'; vielmehr hat nun erst dessen Auslegung zu beginnen, zu der es einer Kunst der Auslegung bedarf."

„Etwas Kurzgesagtes kann die Frucht und Ernte von vielem Langgedachten sein." „Was heute gut gemacht, meisterhaft gemacht werden kann, ist nur das Kleine. Hier allein ist noch Rechtschaffenheit ... Der Wille zum System ist Mangel an Rechtschaffenheit ... Die tiefsten und unerschöpflichsten Bücher werden wohl immer etwas von dem aphoristischen und plötzlichen Charakter von Pascals Pensées haben." „Larochefoucauld, La Bruyère ... Vauvenargues, Chamfort ... sie enthalten mehr *wirkliche* Gedanken als alle Bücher deutscher Philosophen zusammen : Gedanken von der Art, die Gedanken macht..." (Der Wanderer und sein Schatten, Nr. 214)

„Philosophie ... will, was alle Künste und Dichtungen wollen, — vor allem unterhalten ..."
(*Fr. Nietzsche* : „Morgenröte", Nr. 427)

„Der Trieb zum Aphorismus ist der Geschlechtstrieb des Geistes." *(Fink,* 1934)

Im Aphorismus sah *Franz Mautner* 1933 eine „labile Teilhabe an den Gebieten der Kunst und des Denkens" und *Walter Wehe* 1939 eine „Grenzform zwischen Dichtung und Philosophie". *Stephan Fedlers* Dissertation nannte 1992 Aphoristik ein pointiertes „Begriffsspiel zwischen Philosophie und Poesie".

„Offenbar ... erhebt der Aphorismus zumindest seit Nietzsche den sehr ernsten Anspruch, eine integrale Denkform zu sein, die korrektiv ins System eingreift. Nicht einfach Spruch oder Maxime, sondern Einspruch gegen die herrschenden Tendenzen seiner Zeit, sofern sie das Leben entstellen, übersteigt der Aphorismus aber Neigung und Kapazität jener üblichen Methoden, die ihn als bloß literarisches Phänomen zu erfassen suchen ... Ein Philosophieren neben der Philosophie im engeren Sinne, lebt der Aphorismus aus jener Diskrepanz, die sich dadurch herausstellt, daß Sein und Denken offenbar nie völlig zur Deckung gebracht werden können ... immer erscheint er als Typus eines Philosophierens, das von der unmittelbaren Lebenserfahrung ausgeht ... Es vollzieht sich im Aphorismus mithin nichts anderes als eine Selbstkritik der Ratio ... Nietzsche hat keineswegs aus irgendeinem Unvermögen die aphoristische Form gewählt, sondern aus Einsicht in ihre philosophische Notwendigkeit ..."

*(Heinz Krüger :* „Über den Aphorismus als philosophische Form", 1956, erschienen München 1988)

*Adorno* 1956 im Vorwort dazu : „Der Aphorismus verwendet Sprache und Wissensprinzipien nicht so, wie sie sich von sich aus meinen: er macht sie uneigentlich und sich selber fremd. Er ist das entfaltete Nichtwissen, das die äußerste Reflexion des Wissens voraussetzt. Dabei nimmt er regelmäßig die Form der Ausnahme an, an der Regel und begriffliche Systematik scheitern ... er setzt die eingeschliffene und auch nützliche Ansicht vom Sachverhalt in Frage. Er möchte etwas von der Deformation wiedergutmachen, welche der herrschaftliche Geist dem Gedachten antut ... Das aphoristische Denken war von jeher nichtkonformistisch. Darum ist es bei den Wissenschaften und der offiziellen Philosophie in Verruf geraten, ist es als unverbindlich, unverantwortlich, feuilletonistisch diffamiert worden."

„Ausdruck des Triumphes, mitten in der Verwirrung überlegene Übersicht zu behalten." „Die vermeintlich einfache Einheit des personalen Subjekts ... ist instabile Mannigfaltigkeit, in der ... vielspältigen Art ... des Witzverhalts ... immer der Selbe zu sein und doch ... von sich selbst verschieden."
*(Neophänomenologe Hermann Schmitz)*

**Freiwillige Komik des Spotts über unfreiwillige**

Der Ernst des Lebens ist nicht ganz wegzuspielen,
und Spiele mit dem Ernstfall langweilen schnell.


Will mancher nur aufsteigen und hoch hinaus,
um sich dann herabstürzen zu können?


Danksagung erspart keine Gegengeschenke.


Du hast wenig mehr als Frühere und viel
weniger als Heutige (und Morgige?).


*Covid-19?* Wer mich hasst, der hustet mir was,
und wer mich liebt, der fürchtet mich.


Kolonialvölkern bringt man Zivilisation,
indem man sie versklavt und ausplündert.

Mündigkeit äußert sich weder mündlich noch
fäustlich oder leichtfüßig, sondern schriftlich.


Unterschicht besteht aus nomadischen Vagabunden
und Landfahrern, die nicht einmal zu ausbeutbaren
Untertanen zugelassen sind.


Utopie ist das Verzögern der Apokalypse
durch ihr Herbeireden.


Was macht ein nur neurotisch verhinderter geborener
Gelehrter? Er verarmt als freier Selbstverleger.


Könnte ein 80-Jähriger den 20-Jährigen sprechen,
der er einmal war (und dieser jenen, der er einmal
sein würde) : Ob das wohl einmal technisch machbar
und auch fruchtbar wäre?


*Jasager* können auch Brautleute vorm Standesbeam-
ten sein, *Neinsager* auch Rassisten vorm Fremden.
*Jeinsager* vor allem gibt es am meisten.

Wir werden nicht gequält, weil wir Quälgeister sind,
sondern sind Quälgeister, weil von Stärkeren gequält.


Würde ich mich gut verkaufen, wäre ich sicher, alles
falsch zu machen. So aber besteht noch die Chance,
dass meine Ware etwas taugt.


Die Fähigkeiten, die einer braucht, um als *Dichter
und Denker* Geld zu verdienen, entwerten sein Werk.


Die Individualität des Aphoristikers zerfällt nicht
in die vielen Individualitäten seiner Sprüche,
sondern systematisiert deren potentiell unendliche
Vielfalt, die jedes System sprengt.


Der Hirnforscher ist so frei, seine Willensfreiheit
zu leugnen, und so unfrei, sie behaupten zu müssen.


Deine Seele ist die Außenseite der Mutter Natur,
deren Innenleben deine Außenwelt ist.

Wenn Marx sich irrte, weil er laut Pohrt den revolutionsprophylaktischen „Sozialstaat" nicht vorhersehen konnte, hat Hegel gesiegt, der den liberalen Rechtsstaat feierte. Hätte man sich die ganze blutige Arbeit der bisherigen Weltgeschichte auch sparen können, um das „Reich der Freiheit" zu bewahren statt zu erobern, bewahren in der lebensfähigen Anarchie des relativ egalitären Nomadentums statt der neoliberalen Rechtsrepublik? Philosophische Logik und erotische Animalität und künstlerische Formenspiele, wie der Rechtshegelianer *Alexandre Kojève* vorschlug, im Einklang mit den Naturgesetzen des Kosmos auf der Ebene von großfamiliären Sippen der Sammler und Wildbeuter, Hirten und Fischer, die einander friedlich aus dem Wege gehen, solange genug freies Weideland da ist für alle nicht zu zahlreichen Erdbewohner?

Der *Garten Eden* der mathematischen Logik, galanten Kultur und künstlerischen Formspiele ist ja weiterhin ganzjährig offen, gleich nebenan, wie es heißt. Die Unterbevölkerung erlaubt es, einander auszuweichen, statt aufeinander loszugehen, um einander zu vertreiben. Und die Machthierarchien bleiben in der Vorgeschichte der „kalten Sozietäten" *(Lévy-Strauss)* ohne gegenseitige Ausbeutung eher flach und horizontal in geographischer Breite als vertikal in seßhafter Enge. Bewandert sind ja auch ewige Wanderer.

Zurück zu Marx kann heute nur bedeuten : Zurück zur proletarischen Selbstbefreiung, nicht zu schicksalhafter Politökonomie, denn der Arbeitssklave befreit sich nicht, indem er den Unterbau kollektiv revolutioniert, sondern umgekehrt den kulturellen und psychologischen Überbau (Über-Ich) dagegen restauriert. Er leidet nicht nur unter der Einengung durch Produktionsverhältnisse, sondern auch unter der Entfesselung der industriellen Produktionskräfte selber.
Nur Überbau und Überich kann von der Tyrannei des noch so revolutionierten Unterbaus emanzipieren. Zurück zur Selbstbefreiung der Proletarier aller Länder, indem sie eigene Revolutionstheorien entwickeln, statt diese von depossedierten Bildungsbürgern gegen Besitzbürger nur zu adoptieren! Eine solide Sklavenselbstbefreiungsphilosophie lässt sich von Dienstleuten leicht aus der *Bible Left* gewinnen. Das Bündnis mit dem *ollen Jott* befreit vom ewigen Trott. Nur die Koalition mit dem Allmächtigen befreit alle Schmächtigen dieser Welt von den Übermächtigen. Nur mit dem HErrn sind sie frei von den Herren der Welt. Proletarier aller Länder, verein-zelt euch, statt vereint zu bleiben in dumpfen Klassenmassen!

In Wahlurnen werden die Stimmen eingeäschert.


Utilitarismus ist so nutzlos
wie alles Unnütze lebenswichtiger Luxus.


Der Buchrezensent kritisiert konstruktiv,
indem er destruktiv lobt und dafür gelobt sein will.


Heute (aner)kennt man nur noch komische Heilige,
seit nur noch Komiker uns heilig sind.


Nicht Lemminge, sondern Menschen, die Massen-
veranstaltungen lieben, *Loveparades*, Truppen-
paraden, Olympiaden, Fussballstadien, Popkonzerte,
Kirchentage etc., begehen Massenselbstmord:
Selbstaufgabe der Individuen in der Masse.


Newcomer stehlen, bevor sie selber Oldgoer
werden, diesen die Show, auch wenn sie
keine Breaking-Newsbringer sind.

Nennt ein Lustmolch einen Eunuchen Lustmolch,
handelt es sich oft um Lustgreise.


Neugier verhält sich zu alter Gier auf Antikes
wie Neureich zu altem Raubgeld oder Kaiserreich.
Da sind Alt- und Neuarme schon geistreicher.


*Real Life* gilt *echt* als original authentisches Dasein
und ist doch nur noch Simulation eines virtuellen
Sozialimitats aus dritter Hand. Man eifert dem
Internet nach, welches dem irre-al life nacheifert.


Vorschlag für eine Anthologie : "Gereimter
Corona-Kitsch im Quarantäne-Koller" oder :
"Wie ich dem Weltvirus ins Auge sah und trotzte!"


Polizei jagt Landeslumpen,
Interpol jagt *intergauner.com*


Christliche "Ostentatio genitalium" der Kunst lieben
heute nur noch Heiden ostentativ in allen Medien.

Der Lustgreis kann junge *Dinger an sich* nicht mehr
*erkennen*, sondern nur seine Alterserscheinungen.


Wer nichts sagt, sagt keine Unwahrheit?
Der Wahrsager sagt etwas.


Halte ich alle für verückt, halten sie mich
für verrückt, und in Demokratien siegt die Mehrheit.


In Massen sind Menschen gegeneinander verbunden
und miteinander geschieden.


Wer geht gern zu Ärzten, die zu wenige
oder zu viele Patienten haben?


Die Würde mancher Menschen ist unantastbarer.


Es ist schön, wenn eine Frau sich verschönert.
Noch schöner wäre es, wenn sie schön wäre.

Manchmal ist es besser, nicht so gut zu sein.


Die Wahrheit muss wenigstens beweisen können,
dass es (nicht?) paradox ist, paradox zu sein.


Probleme werden durch ihre Lösung nur verschärft.


Risiken zu vermeiden, kann noch riskanter sein.
Kann ich mich schützen, ohne mich zu gefährden?
Nützt dem Unternehmer nur, dass seine Produkte
den Abnehmern nützen?


Kaufen Sie mein Buch, den Rest erledige ich.


Zum Himmel stinkt der Müll, dein Herr erstickt
im Müll, wenn dein schwacher Arm es will!


Bin ich dir überlegen, wenn ich dich dazu
bringen kann, dich mir überlegen zu fühlen?

Ich kam zur Welt und nicht zur Umwelt,
ich kam zu Wort, doch nie zu Ohren,
ich kam zu nichts (als zu Geld).


Ist Erkenntnis die Anpassung eindeutiger Sprachen
an vieldeutige Sachen?


Mit vielen Aphorismen staunen Sie philosophisch
nicht nur ein für allemal im Leben.


Soll man Notwendiges zweckfrei tun
oder lieber Kontingentes zweckgerichtet?


*Theorie* : Logik, Erkenntnis, Sprache, Ästhetik,
Natur? *Praxis* : Recht, Moral, Politik, Wirtschaft,
Geschichte, Gesellschaft, Kultur, Technik, Medien?


Die Schuldenuhr der Gesellschaft verdeckt
die Schulduhren ihrer Mitglieder.

Verwirrte kann kein wirres Zeug beurteilen.


Allzu Quecklebendiges, als Unkraut unvergänglich,
geht leicht auf den Quäl- und Poltergeist.


Keine Wahrheit war jemals so gut und schön
wie Platons Idee der Wahrheit.


Seit Shakespeare ist aller Ernst des Lebens
eine blutige Pausenclownerie zwischen
Geburts- und Todestheater,


Wer den Jüngling einen Feigling schalt,
lobt später den bescheidenen Mann.


Alter Konfusionsrat, Kümmelspalter, Lahmsieder,
Ofenschlupfer, Patentekel, philodoofer Polsterkopp
und Schrammbuckel, Freibierfresse, Durchwitscher,
Bananenbieger, Beamtenschreck und Blärrharfe,
Bleistiftakrobat, Gemüseathlet und Plusterjan!

*Gesellschaft* ist wie der Kampf zwischen Bonbon-
und Bonmotfabrikanten.


„Schule" kommt von lat. *schola*, griech. *schole* :
Muße, otium cum dignitate et studio.


Intensiv betreibt man heute fast
nur expansives Extensives.


Oft bleibt unklar, ob die verbreitete Klage über
*Ellbogengesellschaft* nur schlechte Rüpelmanieren
anklagt oder die liberale Konkurrenzgesellschaft.


Ist Philosophie laut *Whitehead* nur eine „Reihe von
Fußnoten zu Platon", kommen heut nur Aphoristiker
noch auf neue platonische Ideen.


*Animosität* kommt auch von *anima* : Die menschliche Seele neigt bis zum letzten Atemhauch zu
mutiger Abneigung und beherzter Feindseligkeit.

Reformen sind wie Autos. Was allen zu
langsam geht, blockiert sich gegenseitig.


Quallen sind giftige Medusen. Medusa ging mit dem
Meeresgott fremd und wurde zur Strafe ein Monster,
denn Anblick jeden versteinert.


Begeisterte Materialisten verstopfen die Seele
und vergeistigen nur noch ihre Klamotten.


Nicht Autos, sondern Verkehrsstaus werden
nur umgeleitet auf Umgehungsstraßen.


Weibliche Magersucht sucht runder Weiblichkeit
zu entkommen, indem sie Armut karikiert.


Teure Onkologie killt schneller als ein Tumor.
Sie krebst so vor sich hin, mit Giften, Messern
und Strahlen, statt schon Babies richtiges Leben
zu verschreiben.

Wer nicht immer weiterziehen kann als steinzeitlich
akephaler Wild- und Feldbeuter, muss gegen Räuber
immer in den Krieg ziehen als ackernder Bauer
mit mehr Proteinen, Geld, Krankheiten und Kindern.


*Gift im Boden*. Betreibt die Agrarindustrie
Rentenpolitik à la „Arsen und Spitzenhäubchen“?


Über Hegel ging die Geschichte weniger mit Marx
als mit Schlegel, Nietzsche und Adorno hinaus,
übers onanistische Geistessystem der Allgemeinheit
weniger mit der Diktatur des Proletariats (und seiner
materiellen Güter) als mit Schlegels Fragmenten,
Nietzsches Philosophorismen und Adornos „nega-
tiver Dialektik“ der paradoxen petite différence.


Eltern hier herzen und küssen ihre Wonneproppen
nicht, sie dressieren die lieber zu Mannedeppen.


Vom *Jitterbug* zum beschwingten Zitterlook : *Swing*
wurde zur Haupthexenschußquelle in geriatrischen
Swingerclubs.

Nichts wird am Ende ungleicher
als eine „Gesellschaft der Gleichen".


Nichts langweiliger als Leute, die sich nur
oder nie langweilen, Mich unterhalten nur jene,
die ich unterhalten kann.


Das rastlos rasante Rumgerase macht nicht nur
Leichen rasend vor Wut. Autos rasen − vor Wut
auf Spaziergänger und Radfahrer.


*Dröhnende Stille* herrscht besonders
nach seelenruhigem Geschrei-Tumult.


Mindestlohn ist der Arbeitswelt Dank,
Liebeslohn der Männerwelt Undank.


Mein Wort will keine Leser verletzen,
sondern nur ihr dickes Fell zeigen.

Wie man es auch macht, Satiriker geben sich stets unzufrieden. Satirisch aufgespießt wird ja gewöhnlich das irre Rumgerase in der Welt, heute mal zur Abwechslung das genaue Gegenteil. Dass PKW und Flieger mal eine Besinnungspause lang ausgebremst werden, ist doch weltweit klimafreundlich, ruhestiftend und kulturförderlich. Und die (staatlich abgefederte) zusätzliche Zwangsurlaubszeit sollte jedem guttun, der aus der Not eine Tugend zu machen versteht, damit er nicht noch völlig verarbeitsweltlicht. Den Reichen hierzulande tut's nicht weh, sie werden immer reicher, und die Armen wurden ja auch ohne Corona immer ärmer (was der wahre satirewürdige Skandal ist und bleibt!) Jedes Corona-Lager (Freiheit, Gesundheit, Wirtschaft) holt sich seine passenden Wunschexperten ans Mikrophon. Das überforderte Weltkind steht ratlos in der Mitten und kann nur noch dem jeweils letzten Lautsprecher glauben : Das Dilemma der Demokratie zwischen Laien, Fachleuten und Ideologen. Wer kennt das wahre Gewicht der schlagenden Argumente, solange selbst die Gelehrten noch streiten und jede Interessenseite irgendwie plausibel klingt?

## Kyniker : Wolf im Hundepelz

Mit allen Hunden gehetzt,
wird der Hund in der Pfanne verrückt


Der Landsmann und sein Schweinehund,
sie kommen beide auf den Hund,
zwei treue Hunde kunterbunt
bilden Affenliebesschund –
tun sie aber keinem kund.

Sie beide parieren aufs Wort
bis hin zu Rufmord und Mord,
jagt man sie auch dauernd fort.
Sie leben nur ihr Hundeleben,
allen Eignern hündisch ergeben.

Es tritt der getretene Hund
gerne den kleineren Hund
mit dem Fuße oder Mund
waidwund oder kerngesund.
Vorsicht, bissiger Schlund!

Ist erst der Feind gesichtet :
Scharfgemacht und abgerichtet!
Ach, wie niedlich,
wie gemythlich.
Wut und Hass?
Harro, fass!!

**Neue Spesen mehren sich gut**
*Nur Spesen für die Bösen?*


Wer reitet so spät durch Nacht und Wind,
hüh?
Es ist der Spesenritter und lacht, das Rind-
vieh!

Was der King dem Ritter baut,
ist dem Fußvolk stets geklaut.
Wer Spesen zum Verjubeln hat,
kriegt nie den Trubel um Rubel satt.

Auch vor allen Spesenrittern,
die damit ihre Damen füttern.
müssen Knappen bitter zittern.
Edelleute hoch zu Ross
spielen damit auswärts Boss.

Spesen werden zweckentfremdet,
(ja, will sagen wegentwendet),
Kellner sind nicht dreckbehemdet.
Spesenritter schalten, walten,
Knappen werden knapp gehalten.

Vers libres und Ungereimteres


Feine Biester,
Schweinepriester,
Spesenritter : Edelleute hoch zu Ross,
die im Gegensatz zum Fußvolk
überhaupt Spesen zum Veruntreuen haben
( stets dem Fußvolk nur geklaut ).

Legt er sie in Aktien an,
legt er auf die Armen an :
Der Profit des Unternehmers
zählt zu seinen Spesen, doch
*mein* Verpflegungsmehraufwand
mindert meinen Lohngewinn ...

**Lob der Unduldsamkeit**
*Wein über ranzige Toleranzen*
*der ganzen Schranzen !*


Nicht nur dulden und dann flennen,
nein : kennen lernen, anerkennen,
forderte die Fürstenflöte Goethe.

Toleriert nur Toleranz!
schreit heut jeder Hans und Franz
mit und ohne Schwanz.
Toleriert die Hiebe
wie die Liebe, die Triebe!
Toleriert die Diebe,
toleriert die Reichen
und ihre Opferleichen!

Toleriert die An- und Abtreiber,
die Unter- und die Übertreiber
wie die Leiber ihrer Weiber!
Toleriert die Massenmorde,
toleriert die K(l)assenhorde!

Tolerieret gar und ganz
die Arroganz der Toleranz!
Habt Geduld mit der Geduld
mit aller Haupt- und Mitschuld!
Toleriert die Schänder und Schinder,
intoleriert aber freche Kinder!

Was ich niemals ändern kann,
das tolerier ich dann und wann
und schimpfe in mich rein
auf jedes tolerante Schwein.

Toleranz ist progressiv?
Nein, „Toleranz ist repressiv",
schrieb linker Dr. Mabuse,
der olle Herbert Marcuse
zur neuen Heulesuse.

Und biste nicht "betroffen",
dann biste halt besoffen,
bleibt nur zu hoffen,
bei Wein und bei Bier,
pat(i)entes Arbeitstier
und tolerantes Schaf
im geduldeten Schlaf.

Ich toleriere nur ganz
die geduldige Intoleranz
zum Tanz auf dem Vulkan
auf meiner Lebensbahn.
Mache dir das Bein nass
und hebe dein Weinglas:
ein Hoch auf die bekannten,
die unverwandten Kanten
der besseren Intoleranten!

Duldet nicht nur Abweichen, auch
Ent- und Aus- und Aufweichen!

Toleriert die Dummheit
wie die Krummheit :
Toleriert die krummen Dinger
genauso wie die langen Finger?
Ich dulde deine falsche Meinung,
du duldest meine falsche Deinung.
Im Weine liegt die Wahrheit :
die Finsternis wie Klarheit.


**Die hat sich gewaschen!**
***Durch Dick und Dünn ...***


Vorm Bild von Willi *Bouguereau*
brennt hell und lichterloh
nur, wer Eva rank und schlank
und lang wie eine Bohnenstang
mag, nicht lieber rund und dick
sich erträumt sein Liebesglück.

Der macht den netten Rummel
nur um die fetten Pummel
und nicht um solche Hippe
mit krankem Dürrgerippe,
und sei die noch so sau-ber
in ihrem nackten Zauber.
Gemach, gemach,
ich bring mein Ungemach
ja schon in dein Gemach!

## Zwerg Nase

Steht der Zwerg auf
gegen den Riesen,
dass er sein Werk tauf
auf nassen Wiesen,
wird er selbst ein Riese
für seine liebste Liese.

Wenn er nach Liese giert,
die er in den Armen wiegt,
auf feuchten Wies'n erigiert,
hat seine Rossnatur gesiegt.

Der allerkleinste Riese
fühlt sich alt und miese,
wird auf dem Venusberg
ein allerhöchster Zwerg.

Zurück vom Riesen zum Zwerg
ist ihrer beider liebstes Werk.
Rums vom Berg zum Tal :
Ach, welch süsse Qual!

Ach, und wie ?
Na, hatschiiii !

## Waschtag mit ungewaschenem Maul


Sau-ber wird das Dreckschwein,
Schmutz wird doch nicht weg sein?

Waschlapp'n mit Waschfrau'n,
die auf ihren Dreck schau'n.
Ihre Wäsche wäscht allein,
so wird alles selber rein
und hat sich gewaschen
wie all meine Maschen
in leeren Hosentaschen.

Die Waschfrau gibt mir einen Korb,
sie gibt mir ihren Waschkorb
und nicht nur ihren Brustkorb.
Hasch dir nur das Waschweib
mit seinem raschen Rush-Leib!

Wäsche waschen,
Bettzeug zeugen:
Erst wasch dich,
dann hasch mich!

Gehirnwäsche?  Sauber!
Gehörwäsche?  Zauber!

Waschecht aus der Wäsche gucken
und nicht mit der Wimper zucken:
In Mitschuld wascht die Hände,
die Vor-, die Ein-, die -wände!

Es kommt die Wäsche
in die Wäsche.
Wasch sie rasch
und nicht so lasch!

Schmutzige Hirnwäsche,
putzige Herzwäsche:
Ich bin klein,
mein Herr-z ist rein,
kommt nur Schwein herein.
Erst wasch dich,
dann hasch mich!


Freud sah den "Waschzwang" als neurotische
Reaktion auf "analfixierte" Reinlichkeitsdressur.
Als Kleinkinder hätten wir lieber mit dem eigenen
Kot gespielt, als ihn den Eltern freiwillig heraus-
zugeben − das allererste Geschenk, das wir machen.
In der "analen Trotzphase" rücken wir nicht mit der
Scheiße raus und grenzen uns zum ersten Mal
gegen den Willen der Grossen aggressiv eigensinnig
ab : Eine Vorform der Individualisierung ...

## "Grüner Fußabdruck" am Hintern?

Du fährst mit deinem Wagen,
was nur Verbrecher wagen?
Du steigst in einen Flieger,
da bleibt das Klima Sieger.
Auf Straßen Krach und Mief,
fress´ weiter nur dein Beef!
Rauche nur und saufe,
ich brauche nix und laufe.

Gletscher kalben
allenthalben?
Mach nur Faxen :
Wüsten wachsen!
Unterm Himmelszelte
wächst soziale Kälte.
Kaufen, kaufen, klau-fen
und das Land im Meer ersaufen?
Eiszeit kommt wieder:
Knie nieder!

Kälter oder wärmer,
Arktis wird nicht ärmer.
Nach der Heißzeit
kommt die Eiszeit
kommt die Scheißzeit.

Ob nun Klimawandel,
ob nun Klimahandel,
wollt durch Umweltsteuern
meinen Dreck verteuern?

Ob Diesel, E-, Benziner:
Luft wird niemals cleaner.
Auch die E-Mobilien
sind nur Immobilien,
ja, genau :
im Massenstau.

Laufe nur im alten Trott,
kaufe Gift und Edelschrott,
bringe nur in Schuss den Kahn,
Liebe ist nur Kuss und Wahn:
Mach mal Schluss mit Autofahr'n,
pups und furz Methan,
doch fahr mit Bus und Bahn!

Gegen Unrat guter Rat:
Gehet oder fahret Rad!
(Dämmst dein Haus,
kommt Mief nie raus.)

Stört dich nun das Kapital,
schicke nur den Markt zu Tal,
dann endet deine Lebensqual:
Lauf mir fix,
doch kauf dir nix!

Fahre nicht so gern den Traktor,
schufte mehr am Kernreaktor,
dann bist du frei
von CO2!

Grüne Anthroposophen
kommen nun angelofen.
Sind zarte Homöopathen
nur harte Psychopathen,
panisch esoterisch
und verdreht hysterisch?

Reiche machen Dreck,
Arme ihn dann weg.
Laufen Arme weg,
verreckt der Rest im Dreck.

...

Rundum klimawandelversichert
Mit „Klimaschutz privat" :
Ihr Helfer gegen Erdüberhitzung,
Planetversteppung,
Stromtrassenwillkür
Und Windradbelästigung.

## Betriebsklima sau(ber)mäßig!

Mit "globalem Klimaschutz" werde ich mich erst befassen, sobald der soziale Besitzstandsschutz global aufgehoben ist – also niemals. Und viel bedrohter als die grüne Natur ist die menschliche Natur ihrer Industriebearbeiter!

Drohende Erdversteppung, tobende Stürme, kalbende Gletscher – und wir ersaufen im Meer wie der Sklavenstaat *Atlantis*?

Das Weltall ist die Umwelt unserer Umwelt und der Ökologismus die alte Ideologie unseres Zeitgeistes. Erdmutter *Gaia* hat das Patriarchat besiegt, das es hier niemals gab, und grünes Betriebsklima floriert produktions- und profitsteigernd.

Die Klima(vor)schützer haben sich mit den Umwelt-(vor)schützern zusammengetan, um durch ökologische Probleme abzulenken von ökonomischen Problemen und die viel ältere und dringlichere *"soziale Frage"* wie gewohnt dahinter zu verstecken. Seit vier Jahrzehnten ist nun schon von Klimahandel und -wandel zu lesen und aus allen Lautsprechern zu hören. Man kann es nicht mehr hören, weil man es zu oft gehört hat. Vielleicht war Abstumpfung sogar der Sinn dieser Dauerindoktrinationen.

Weniger als nichts ist seither gemacht,
doch mehr als alles ist dazu gesacht …

Die hysterisch-historische *Menschheitsaufgabe* und
*Menschheitsherausforderung* (Kanzlerin) ist längst
unter den Teppich zerredet und taugt nur zu partei-
taktischen Feiertagsfloskeln. Sogenannte allumfas-
sende „Menschheitsprobleme" wurden noch niemals
gelöst, klingen aber immer propagandistisch herz-
erwärmend. Seid umschlungen, ihr Millionen (oder
gleich Milliarden), und diesen Bruderkuss der ganzen Umwelt!?

"Ökologischer Umbau der Gesellschaft" heißt die
eingehämmerte Parole. Jedoch mit welchen Leuten
man da plötzlich im selben Weltklimarettungsboot
einträchtig zusammensitzen soll, Leuten, mit denen
man gewöhnlich im todernsten Klassenkampf liegt
– oder besser liegen sollte! Kosmopolitische Öko-
kosmetik ist "angesagt".

"Erneuerbare Energien" statt "fossile Brennstoffe":
Ein bisschen teures "E-Mobil", das zur Produktion
enorm viele Energien und Rohstoffe frisst, ein bisschen "Windrad", das niemand hinter seinem Häus-
chen donnern hören will, ein bisschen neue „Stark-
stromtrasse", die niemand über seinem Kopf oder
unter seinen Füßen haben will, ein bisschen mehr
Sonnenschein ("Solarenergie") in einem traditionell
verregneten Land unter grauem Himmel. Nationaler
Alleingang gefährdet nur die Wettbewerbsfähigkeit:

Die ganze Welt muss da mitmachen, doch die hustet uns Moralaposteln was.

Von (CO2-freier) Kernenergie und Atomindustrie versteht das gemeine Volk viel zu wenig, um dazu eine begründete demokratische Entscheidung treffen zu können – weltweit ohnehin nicht. Das Für und Wider wird da gekonnt propagandistisch eingeheizt oder von Expertokratien über die Köpfe der Mehrheit hinweg angeordnet.

Keine Kohle in die Luft mehr, aber auch keine Kohle in die Hand mehr. Die Atemluft ist dann am Ende reichlich rein, aber die Armen sind immer noch arm und leben von sau-berer Luft und Liebe. – „Klimafreundliche Umweltpolitik" heisst ja, die nächsten profitträchtigen digital-elektronisch brandneuen KI-Supertechnologien uns schmackhaft zu machen und einzuführen – also dieselbe „ökonomische Scheiße" *(Marx)* in Grün.

Klimafreundliche Konsumaskese allerdings, die nun "nachhaltig" wirklich etwas bringen würde, ist nicht einmal in Diktaturen durchsetzbar, die eine Massenzustimmung zu Überwachungsstaat und Menschenrechtsverzichten sich ja erkaufen müssen mit Garantien von steigendem Massenwohlstand, wenn kein Massenaufstand riskiert werden soll. Seit das christliche Europa tot ist, sind Genügsamkeit und Askese eher Perversionen als verdienstliche Tugenden.

Vor vier Jahrzehnten schon war der Politslogan zu hören und zu lesen : „Friede, Frauen, Forst und Vaterlandwirtschaft!". *Alternative* Unisex-"Ökopaxe" beherrschten die Medien. Aber es war alles fauler Zauber zur Massenmobilisierung durch professionelle Strippenzieher im Hintergrund, schon damals intransparent bis zu pottendusterer Finsternis.

Die berühmten Katastrophenprognosen des „Umweltreports 2000" und des „Club of Rome" trafen bis heute auch nicht annähernd ein und waren Makulatur von Anfang an – und das nicht etwa deshalb, weil gegen "sauren Regen" und "Ozonlöcher" seither so viel unternommen worden wäre. – Nur die Reichen wurden immer reicher, nur die Armen blieben arm wie immer.

Entweder wird der ikonenhafte Allzweckretter "E-Mobil" (neben "SUV") zum raren Luxusartikel der Begüteteren oder das Volks-E-Mobil für jeden Erdhaushalt sprengt jedes internationale "Weltklimaziel" von vornherein. Aus dieser Zwickmühle gibt es gar keinen pragmatischen Ausweg. Das weltweite Elektromobil (neben SUV) für Herrn und Frau Jedermann würde durch fälligen Straßenausbau die zur Welternährung nötigen Bio-Ackerflächen mehr als nur bedrohen.

Mit Bus und Bahn wird doch auf Dauer niemand sich hier fortbewegen wollen, und die luftverpestenden Flugreisen werden umso häufiger, je mehr von

"Klimaschutz" die heuchlerische Rede ist : Die private Ökobilanz, der "grüne Fußabdruck" des durchschnittlichen Hochindustrienutznießers von heute, bleibt stur und unheilvoll klimakatastrophal.

Der übliche Panik-Alarmismus, der immer schon viel mehr weiss als die seriöse Wissenschaft, verhindert eher, was er erreichen zu wollen vorgibt. „Ich kenne keine Parteien mehr, nur noch arme Umweltopfer", würde ein *Kaiser Willem* heute dem gemeinen Volk vom Balkon zurufen (um ins Exil zu gehen mit Eisenbahnladungen voller Luxusgüter). Und Kinderkreuzzüge gegen den Klimawandel sind längst realpolitisch instrumentalisiert von diversen Rattenfängern.

Die Reichen wollen auf PKW, Biofleisch und Flieger nicht verzichten, und die Armen weltweit wollen das alles schnellstens auch kriegen. Bisher blieben Klimabelastung und Rohstoffraubbau durch die Industriewelt allein deshalb noch gerade erträglich, weil nur der kleinere und entwickeltere Teil der Erde jedem seiner Bürgerhaushalte Flugreisen, Bio-Fleischalltag, eigene PKW und andere Klimakiller garantieren konnte.

Erst dann, wenn ein jeder Erdbewohner den durchschnittlichen Lebensstandard der entwickelten Industrienationen erreicht, und das und nur das ist das erklärte (und demokratisch legitime) Mehrheitsziel, macht die Natur schlapp und die Menschheit kann sich im astronomischen All neue Exo-Planeten suchen für ihre SF-kindischen Kolonisationsfeldzüge.

Hausgemachte Naturkatastrophen in Folge? Doch niemand sollte von menschgemachtem Klimawandel und anthropogen energiesparender Erderhitzung sprechen dürfen, der nicht vom Industrialismus selber sprechen will. Die Risikofolgen der Hochindustrialisierung durch noch mehr Hightech bekämpfen? Der Speer soll die Wunde heilen, die er schlug, wie der Dichter sagt?

Das naturwissenschaftlich inspirierte Industriezeitalter möge eine historische Episode bleiben, hinter die es nicht zurückzufallen gilt, doch welche geistig möglichst bald überwunden werden sollte, um nicht zu viel von ihr zu erwarten. Die geöffnete Büchse der Pandora verkauft sich allzu gut als magisch unerschöpfliches globales Füllhorn, doch von dem, was die Industriewelt der grünen Natur antut, sollte niemand sprechen dürfen, der nicht von dem sprechen will, was sie der menschlichen Natur ihrer Naturbearbeiter antut, tagtäglich and in the long run.

Die uns zur "zweiten Natur" gewordene wissenschaftlich-technische Naturbeherrschung trifft jeden noch unheilbar verheerender als alles, was die Natur selbst uns per Katastrophen antun kann.

Das haben wir bis heute erst halb verstanden. Digitalisierte Öko-Industrie 7.0 ist selbst nur ein integraler Teil des Problems, das sie "klimaneutral" lösen zu können verspricht.

Mit Wetter und Klima werden wir schon fertig, doch der Schaden, den die Demokratie durch grassierende Umweltbewegungen, Klima-Ideolog(i)en und Öko-psychosen nimmt, wird langsam irre-parabel. Damit werden wir noch länger leben müssen als mit den Klimaschwankungen vor der nächsten Eiszeit, vor nächstem Kalten Krieg, coolen Kids und frigiden Frauen. Ist das Betriebsklima in Industriefabriken besser als das Jahresklima des Landes?

Demagogen setzen uns die Pistole auf die Brust : "Entweder Öko-Diktatur oder Klimakatastrophe!"

Weltklima oder Betriebsklima? Die sozial-ökonomische Demokratenfrage ist dringlicher, die global-ökologische Demagogenfrage nur aufdringlicher.

Vor der einen großen grünen "Menschheitsfrage" verschwinden die kleinen Unterschiede zwischen upper and lower class, Macht und Ohnmacht, Arbeit und Kapital erst einmal wieder zu querulantischen Nebenschauplätzen?

Alle reden vom Klima. Ich nicht.
Ich rede von Klimagerede.

## Mann und Frau 2020

Welches der beiden Geschlechter ist schlechter oder gar Schlächter? Läuft der Geschlechtsverkehr verkehrt und wird nun umgeleitet?

*Mann und Frau 2020*: Wie geht es weiter mit dem ewigen „Geschlechterkrieg", dem Kampf der Facts and Fakes, der gegenseitigen Verdächtigungen und Verleumdungen, der Unterstellungen und Ressentiments, Verurteilungen. Vorurteile und Vorwürfe? Was ist künftig zu erwarten, und steht auf diesem Schlachtfeld mehr zu hoffen als zu fürchten?

Flirtversuche, längst als "übergriffiges Anbaggern" gebrandmarkt, unterlässt *mann* inzwischen tunlichst, aus Angst vor Anzeigen wegen *sexual harassment* (at work or at home) − #MeToo sei Dank. Proteste von prominenten und erfahrenen Frauen aus der Medienbranche gegen drohende Flirtverteufelungen werden neofeministisch abgeschmettert und weggebügelt mit *radical chic.*

Mann und Frau sind nicht mehr zufrieden, sondern sie lassen sich jetzt zufrieden und am besten ganz links liegen. Jeder der beiden geht seiner Wege, rette sich, wer kann. Beide sind frei : Es steht nichts mehr zwischen den Geschlechtern, weil nichts mehr zwischen ihnen ist − nichts als das Nichts selber.

Der Sozialwissenschaftler *Wolfgang Pohrt* hat den ganzen Feminismus seit Alice Schwarzers Vorbild Simone de Beauvoir in einer Kapitelüberschrift seines Buches „Kapitalismus forever" (Berlin 2012) auf den springenden Punkt gebracht : „Die Frauenbewegung hat das Kapital vom Arbeitskräftemangel befreit", nicht die Frauen von Küche und Kindern, Chefs und Ausbeutern. − Die Frauenbewegung hat wie die Arbeiterbewegung gesiegt : Frauen und Proleten werden dauernd bewegt, mobilisiert und in Bewegung gehalten. Die erfolgreichen Kampagnen sorgten nur für Modernisierungsschübe der Wirtschaft, das ist alles − außer einigen überfälligen psychologischen Lockerungsübungen.

Spätestens seit den Weltkriegen hatten die *Trümmerfrauen*, welche für ihre gefallenen Männer ihren Mann stehen mussten, sich emanzipiert von Heim und Kindeskeim. Die passende "Pille" hat das dann nur ratifiziert. Der Krieg, laut Heraklit „der Vater aller Dinge", war eben immer der größte Slumclearer und Modernisierer jeder Gesellschaft, allem faulen "Friedensgesabbel" zum Trotz.

Nun haben wir weniger Heimchen am Herd und Muttchen an Windeln, sondern Doppelverdienerehepaare als Zugewinngemeinschaften (z.B. **Dinks:** „double-income-no-kids"). Inzwischen hat sich die

Sache schon  teilweise wieder umgedreht. *Pump and dump* : Frauenheere am Arbeitsplatz erzeugen schon Lohndrücker_Innen.

Der weibliche „Penisneid" *(Freud)* ist dahin und hat eher produktivem männlichen „Gebärneid" Platz gemacht. Die „Autorität des Phallus" existiert nur noch in der zunehmend homosexualisierten Männerwelt, also nicht mehr zwischen den Geschlechtern. Dort ist sie ersetzt durch die Autorität der Kinder über ihre Eltern wie der Kindeskinder über ihre Großeltern.

Eine Zeit lang erhoben „anti-autoritäre" Eltern und Erzieher ihre Brut zur höchsten und einzigen Autorität über sich und lassen sich von ihren eigenen Kindern auf der Nase herumtanzen wie bei den heute zu überfürsorglichen „Helikopter-Eltern", die da ihren Nachkommen nichts ersparen, indem sie ihnen alles ersparen wollen. Falls es überhaupt noch zu Kindern und Kindeskindern kommt in dieser abtreibenden "Kultur des Todes" *(Papst Johannes Paul II.)*.

Ein Patriarchat hat es in unseren Breiten übrigens niemals gegeben. Das war immer ein bloßer Mythos oder eine alttestamentarische Utopie geblieben wie die sogenannten „Menschenrechte". Hier gibt es auch heute so wenig ein Patriarchat wie ein Matriarchat, sondern entweder nur Vorherrschaft von nie erwachsen gewordenen dummen Jungen oder von protestantisch rigiden Höheren Töchtern und ihren sterilen Amazonenheeren.

*Cherchez la femme!* Kriegerstaaten waren schon laut *Aristoteles* meist dominiert von ehrgeizigen Hintergrundfrauen. Nur "patriarchalische" Fassade : Die Kampfmaschinen, gegen zu schwache Gatten ödipal aufgehetzte Söhne, wurden von ihren harten, gedemütigten Rachemüttern ungerührt ins Feuer geschickt, um deren ambitionierte Aufträge für sie zu erledigen. Und wehe, die Söhne kamen geschlagen aus den Kriegen zurück, dann drohte Liebesentzug! (*Hans Erich Nossack* hat diese Brutpflegeform auch im "preußischen Sparta" wiedergefunden.)

Kurz : Auch moderne Gesellschaften homosexualisieren sich eher, als dass sie Patriarchate werden.

„Sonderbar, Väter werden fast immer vergessen." *(Theodor Fontane, 1896)*

„Manche Menschen hängen wohl darum so sehr an der Natur, weil sie als verzogene Kinder sich vor dem Vater fürchten und zu der Mutter ihre Zuflucht nehmen." *(Friedrich von Hardenberg : Novalis)*

„Des Vaters Segen bauet den Kindern Häuser, aber der Mutter Fluch reißet sie nieder." *(Sirach 3, 11)*

# Hedwig Conrad-Martius :
## „Metaphysik des Irdischen"
### *Aus einem „Fragment 1940/41"*


## I. WIRKLICHKEIT


Zur "irdischen Welt" gehört nicht nur die Erde im engeren Sinn samt allen Gestaltungen auf ihr, die einer physisch-materiellen Gestaltung teilhaftig sind, mögen sie anorganisch oder organisch, pflanzlich, tierisch oder menschlich sein, sondern auch der kosmische Himmel mit den entferntesten Fixsternen. Sie begreift also "Irdisches" und "Himmlisches" in sich. Daß wir dennoch die gesamte Welt "irdisch" nennen, hat einen guten Grund; denn auch ihr Himmlisches ist irdisch, ist eben ein irdisch Himmlisches, wie uns im Lauf der Untersuchungen immer tiefer deutlich werden wird. Gleich am Anfang stoßen wir damit auf eines der wesentlichsten Aufbaugesetze des gesamten natürlichen Kosmos (ja vielleicht eines der fundamentalsten Seinsaufbaugesetze überhaupt): daß nämlich innerhalb einer jeden wesensmäßig abzugrenzenden Region diejenigen Grundbestimmtheiten, die gerade die anderen, sich von der vorliegenden Region grundsätzlich unterscheidenden Bezirke charakterisieren, <u>wiederkehren</u> – natürlich in einer durch den Grundcharakter der vorliegenden Region spezifisch abgewandelten Weise. So ist der irdische Kosmos, um den es sich uns handelt, zwar grundsätzlich verschieden von einem himmlischen (rein geistigen) Kosmos, von dessen Wesenseigenart wir auch noch Einiges zu sehen bekommen werden; aber das "Himmlische" als solches kehrt in der spezifisch irdischen Welt wieder, aber eben in durchaus irdischer Abwandlung.

Als "Erde" und "Himmel" hatten wir hier zunächst die ganz konkreten und, wenn man so will, zufällig voneinander abgegrenzten Gestaltungen der mit Vegetation ausgeschmückten, von Tieren und Menschen bewohnten Erde einerseits, den astronomischen Himmel andererseits im Auge. Etwas Grundlegenderes, obzwar auch noch physisch Konkretes fassen wir schon, wenn wir das materiell Physische, die ganze konkrete Stoffwelt, solchen Gestaltungen gegenüberstellen, wie sie das Licht oder überhaupt alles Strahlenartige zeigt. Daß Materie und Licht in einer prinzipiellen Konstitutionsgegensätzlichkeit zueinander stehen, wenn auch andererseits in einer weitgehenden Synthese, war nur in Zeiten krassesten Materialismus verwischt, in denen das Licht ein einfacher materieller Stoff unter Stoffen wurde. Die heutige sogenannte Korpuskulartheorie des Lichtes scheint ja nun allerdings den in der Wellentheorie vor einiger Zeit anscheinend noch so endgültig verankerten Gegensatz wieder aufzuhe-

ben; wie verkehrt aber eine solche Folgerung ist –
trotz der mit der Korpuskularlehre festgestellten
eigentümlichen "Materialität" auch des Lichtes –
werden wir noch gründlich einsehen. Man erinnere
sich auch hier gleich wieder an unser vorhin aufge-
stelltes Gesetz!

Materie und Licht sind innerhalb der ir-
disch-natürlichen Welt entgegengesetzte Gestal-
tungsarten und wir können gleich hinzufügen: Materie ist eine im besonderen "irdische", Licht eine im
besonderen "himmlische" (natürlich irdisch-himm-
lische) Erscheinung. Materie ist von unten herauf,
Licht von oben herab gestaltet. Diese Angabe mag
auf den ersten Blick äußerst naiv aussehen; da ja
doch "unten" und "oben", wie heute jedes Kind
weiß, relative Dinge sind. Nichts erscheint für eine
exakte Erfassung der beiderseitigen Wesenheiten
ungeeigneter, nichts einer mystischen Orientierung
allerprimitivster Art näher zu kommen als eine solche Bestimmung, Wir haben nun allerdings genau
dieses und nichts anderes im Sinn: am "Oben" und
"Unten", sowie späterhin ebenso am "Innen" und
"Außen", diesen anscheinend ebenfalls relativen
Kategorien, die irdisch natürliche Welt gleichsam
einzurammen. Metaphysisch ist es nicht möglich,
den Naturkosmos an einem einzigen Archimedi-
schen Punkt aufzuhängen, sondern wir bedürfen
deren vier.

Die irdisch-naturhafte Welt − ist eine Welt des inneren Gleichgewichts und der Mitte. Sie ist kunstreich zusammengewoben aus Irdischem und (irdisch-kosmisch) Himmlischem, zwischen ein ur-eigenes polares Unten und Oben hineingebaut.

Mit solchen absoluten Polen des Unten und Oben kommen wir allerdings in Bereiche, die noch jenseits physisch stofflicher Materie und physisch strahlenartiger Dynamik liegen und die diese konkret physischen Gestaltungen in ihrer irdischen bzw. irdisch himmlischen Artung allererst letztlich bestimmen. Stoff und Licht unserer Natur sind beiderseits schon aus dem <u>absolut</u> Irdischen und dem <u>absolut</u> kosmisch Himmlischen (wenn auch in einer einander polar entgegengesetzten Weise) zusammengewachsene Gebilde; sie befinden sich schon nicht mehr in der reinen Entgegensetzung des Oben und Unten. Sonst könnten sie gar nicht in physischer Leibhaftigkeit erscheinen.

Um einen allgemeinsten Ausblick auf das Ganze zu geben, können wir hier gleich hinzufügen, daß Seelisches und Geistiges innerhalb ihrer, nämlich der <u>inneren</u> Region in einem ähnlichen Verhältnis der metaphysischen Entgegensetzung stehen wie Materielles und Lichthaftes; auch das Seelische ist eine von unten her auferbaute, spezifisch "irdische", wenn auch schon mit dem "Oben" in sich selbst verwobene Gestaltung; das Geistige eine von oben her, spezifisch (irdisch-)himmlische Erscheinung, wenn auch in sich mit dem Unteren vermischt.

Um aber zu dem vorzudringen, was sich als ein absolutes Oben und Unten, als ein absolutes (kosmisch-)Himmlisches und Irdisches herausstellt, muß zuerst der Grund bloßgelegt werden, der den natürlich irdischen Kosmos <u>als ganzen</u> von einem ebenso möglichen und wirklichen überirdischen, himmlischen oder rein geistigen Kosmos abscheidet (Kapitel II). Ja, wir müssen zuvor noch einen wesentlichen Schritt weiter zurückgehen. Alles, was wir "Welt" oder mit dem Ausdruck, der schon die Ordnung des Aufbaus in sich schließt, "Kosmos" nennen, ist <u>Wirklichkeit,</u> der irdische Kosmos sowohl wie der überirdische oder rein geistige. Und zwar ist das alles im besonderen <u>geschöpfliche</u> Wirklichkeit. Das letztere besagt, daß die ganze natürliche <u>und</u> übernatürliche Wirklichkeit ihr Sein nicht als eine Wesenseigentümlichkeit an sich trägt, sondern daß sie ebenso gut auch <u>nicht</u> sein könnte, so wie sie nun einmal tatsächlich ist. Ihr Dasein ist ein pures Faktum, allerdings ein gewaltiges Faktum. Aber eben gerade deshalb von einer so überwältigenden Tatsächlichkeit, <u>weil</u> man das im letzten metaphysischen Sinne hinfällige dieser Welten spürt, die das Sein immer nur auf Vorschuß haben, nicht aber als ein ihnen selbst und ihrem Wesen innewohnendes.

Trotzdem: alle diese geschöpflichen Bereiche, mögen sie nun irdisch bzw. irdisch himmlisch oder auch rein himmlisch sein, sind <u>wirkliche</u> im besten Sinne des Wortes.

Was ist Wirklichkeit? Was bedeutet es, wenn wir sagen, daß der Kosmos nicht ein ideales, auch nicht ein nur phänomenales, sondern ein wirklich wirkliches Sein besitzt? Auch das Ideale, auch das nur Erscheinende hat eine Art "Sein", wenn man so will eine Art "Wirklichkeit", aber eben keine wirkliche, keine echte Wirklichkeit. Es ist, als ob der Schöpfer zu einer aus dem Nichts herausgehobenen Welt gesprochen hätte: ich will, daß du <u>aus dir selber bist,</u> daß du in deinem Sein und Wesen in dir selber gründest und aus dir selber erwächst. Du bist zwar ganz und gar von mir abhängig, ich könnte dir dein Selbersein in jedem Augenblick wieder nehmen und muß es dir erhalten, aber was ich dir hiermit gebe und erhalte, ist eben dies, daß du deine Existenz als ein ganz persönliches Geschenk erhältst.

Das bloß Ideale, z. B. die Idee des Guten "gibt es" wohl; aber es besitzt keinen persönlichen Grund, aus dem heraus es sich selber verwirklicht. Und wo ein solcher persönlicher Verwirklichungsgrund vorhanden wäre, hätten wir nicht mehr die Idee des Guten, sondern das Gute selbst und persönlich, das Gute in verwirklichter Gestalt vor uns.

Ein bloß und nur Erscheinendes, etwa Geträumtes, Halluziniertes usw., steht nicht in und erwächst nicht aus sich selber. Es ist nur in die Wirklichkeit "hineingespiegelt". Der Grund, aus dem heraus es zu seinem Sein kommt, liegt nicht in

ihm, sondern in der träumenden Seele, in dem halluzinierenden Geist. Für die indische Mythologie
(Vgl. *Heinrich Zimmer*, „Maya oder der indische
Mythos", Stuttgart-Berlin 1936) ist die Welt ein
Traum Vischnus. Sie ist seine Maya, das was aus
der Glut seiner imaginativ allmächtigen Seele erzeugt und in diese wieder zurückgenommen werden
kann. Demgegenüber erscheint es zunächst sehr
merkwürdig, daß es wohl kaum einen Weltmythos
gibt, in dem die berauschende und entsetzliche, weil
nicht nur in der Kraft der Selbstauszeugung, sondern
auch der Selbstzerstörung stehende Dynamik und
Vitalität von Natur und Wirklichkeit einen so unmittelbaren, von allen Kräften substanzieller Sinnlichkeit getragenen Ausdruck gefunden hat wie im indischen. Man sollte meinen, daß es keine bessere Glorifizierung der wirklichen Wirklichkeit geben könnte als eben hier. Sehen wir tiefer, so hängt beides,
diese überbetonte Vitalität und jene Phänomenalisierung aufs engste zusammen. Auch für den allervitalsten Sinn nämlich, der allerdings gleichzeitig ein
Gefühl für metaphysische Gewichte haben muß
(welche Verbindung beim Inder in hervorragendstem Maße gegeben scheint), wäre eine Welt untragbar, in der die finsteren, gewalttätigen, dämonischen
Kräfte den lichten, guten, göttlichen Kräften völlig
gleichberechtigt zur Seite gestellt werden, in der
Lebenspendendes und Todbringendes, schöpferisch
Aufbauendes und einschlingend Vernichtendes,
Gutes und Böses ein von jedem schließlich doch
positiven Austrag völlig freies Spiel der Kräfte dar-

stellen – sie wäre untragbar, wenn diese in Einem selige und furchtbare Welt nicht letzten Endes eine bloße Phantasmagorie wäre. Eine solche Welt <u>kann</u> keine in sich selbst gesetzte, aus eigenem Seinsgrunde erwachsende, wahrhaft wirkliche Welt sein.

Gerade weil die indische Mythologie die dämonisch zerstörenden Kräfte als innerhalb des Kosmos durchaus absolute und deshalb auch notwendig wiederkehrende ansieht – hierin in Übereinstimmung mit aller wesenhaft heidnischen Mythologie und Weltanschauung – werden sie in einem letzten metaphysischen Sinne <u>mit dem ganzen Kosmos</u> phantasmagorisch aufgehoben, Nun ist an der Tatsache gewalttätiger Vernichtungskräfte in dieser Welt gewiß nicht zu zweifeln. Natur und Menschengeschichte ist von ihnen durchsetzt. Wo sie aber in ihrer schließlich doch relativen Tatsächlichkeit gesehen und die Möglichkeit einer Welt erkannt wird, die zur vollen Entfaltung und Instandhaltung ihres Wesensbestandes keineswegs todbringender und immer wieder in einen Finsternisabgrund hineinschlingender Mächte bedarf, da ist es möglich, die Welt <u>mit</u> ihrer derzeitigen Verstörtheit als wahrhaft, als wirklich wirkliche anzuerkennen. Um allerdings dieser Frage endgültig metaphysisch ins Gesicht zu sehen und ihr nicht, wie es meist geschieht, auszuweichen, muß die Bedeutung wirklicher Wirklichkeit zuvor in ihrer ganzen Wesensschwere aufleuchten.

Durch diese scheinbare Abschweifung dürfte vielleicht ein tieferes Gefühl dafür, was reale Existenz im Gegensatz zu einer bloßen Erscheinungswirklichkeit ist, aufgebrochen sein. Die noch so sehr lebensdurchtränkte Welt, die ein Gott phantasiert oder träumt, ist eben doch etwas ganz anderes als eine Welt, <u>die auf eigenem Seinsgrunde steht</u>; als eine Welt, <u>die die Macht existenzieller Selbstbewirkung besitzt.</u>

Wir stehen vor einer allerletzten Bestimmungstiefe, die nicht anders ausgelotet werden kann als durch sich selbst. Man denke sich bei einem beliebig Vorhandenen "Sein" und "Selbst" auseinandergebrochen. Auch bei der Idee des Guten z. B. kann man davon sprechen, daß sie "selbst" "vorhanden sei". Und nun schweiße man dieses Selbst mit seinem Sein, nachdem man es gleichsam gegeneinander gedreht hat, in der Art und Weise wieder unzertrennlich zusammen, daß das Selbst sein Sein als eine dasselbe auswirkende Ursache trägt. Die Tiefe eines "Selbst", das sein eigenes Sein trägt, hat, wie schon gesagt, keinen anderen Maßstab als sich selbst. Es ist ein letzter Seinsanfang, ein tatsächlicher Seinsursprung. In ihm liegt die Kraft und Fähigkeit alles Wirklichen, Herr seines eigenen Seins zu sein.

Wir sagen das alles mit vollem Bedacht und würden gern die Stärke der gebrauchten Ausdrücke noch vermehren. Einer göttlichen Schöpfungs- und

Erhaltungsmacht wird dadurch kein Abbruch getan. Im Gegenteil : es ist unmöglich, die Essenz des Schöpfungswunders in den Blick zu bekommen, wenn man nicht die Welt in dieser ihrer Seinsselbstherrlichkeit faßt. Einer Seinsselbstherrlichkeit, die sie nicht <u>wiederum</u> aus sich selbst, sondern als Geschenk und auf Vorschuß hat. Die Wirklichkeit schöpft sich in ihrem Sein aus sich selber; aber in dieser ihrer autonomen Fähigkeit zur Selbstschöpfung ist sie eine erschaffene und immerdar erhaltene. Hier verknotet sich der unüberbrückbare Wesensgegensatz von göttlich schöpferischem und geschöpflichem Sein mit der analogiehaften Ähnlichkeit. Dem durch sich selbst Seienden, dessen Wesen das Dasein in sich schließt, steht das Geschöpfliche gegenüber, dem Nichtsein gerade nur entrissen. Aber auf diesem schwanken Grunde, ja, über dem Abgrund des Nichts erhebt sieh nun das Geschöpfliehe als ein durch sich selber Seiendes, aus eigenem selbsthaftem Grunde erwachsend und so im unaufhebbaren Rahmen seiner geschöpfliehen Seinsnichtigkeit (welcher Rahmen es eben in einen undurchmessbaren Gegensatz zum göttlichen Sein stellt) doch dem Göttlichen ähnlich : eine kreatürliche causa sui, eine Ursache ihrer selbst.

Es handelt sich hier nicht um spekulative Begriffsspielerei, nicht um dialektische Bereinigung unvereinbarer Gegensätze. In <u>dem</u> Sinn, in dem Gott "Selbstbewirker" des eigenen Seins ist, kann es das Geschaffene niemals sein. Zwischen dieser und jener Selbstbewirkung liegt ein undurchmeßbarer Wesensabgrund. Ist sie dort in das Wesen Gottes eingesenkt und so im tiefsten selbstschöpferischen Grunde göttlicher Allmacht ruhend, die <u>über alles Sein und Dasein noch erhaben ist,</u> so ist sie hier eine verliehene Gabe, kraft welcher ein an und für sich existenziell Ohnmächtiges zur Seinsmacht gelangt. Die Macht, in Selberkeit zu sein, auf dem Grunde absoluter Seinsohnmacht − das kennzeichnet das Wesen kosmischer Wirklichkeit.

Diese Selbstbewirkung darf natürlich nicht mit naturhaftem Wirken verwechselt werden. Die Kräfte und Dynamismen, die im Aufeinanderprall materieller Körper, in chemischen und sonstigen Anziehungs- und Abstoßungsprozessen, in elektrischen und magnetischen Vorgängen, in den geheimnisvollen Effekten sämtlicher Strahlenarten, in katalytischen Erscheinungen wirksam sind, aber auch die vitalen Wirkkräfte, die Wachstum, Gestaltsbildung, Regenerationsvorgängen bei der Pflanze und allem vegetativ Lebendigen zugrunde liegen, zuletzt auch die seelischen und geistigen Kraft- und Wirkungsquellen <u>setzen eine schon konstituierte Natur voraus.</u> Sie setzen physischen Stoff und Äther, vegetativ Lebendiges, Seele und Geist als gegebene, "fertige" Naturgestaltungen voraus. Wir aber befinden uns in einer Region, in der all dieses : Materie und Licht, Lebendiges, Seelisches, Geistiges allererst <u>zu sich selbst</u> und seinem eigenen Dasein gelangt. Die "Kräfte", die die Natur in ihrem Bestande und ihrer Wirksamkeit begründen, selbst wiederum in der Art naturhafter Kräfte aufzufassen, ist eines der größten metaphysischen Mißverständnisse. Der Naturkosmos ist z.B. ein räumlich-zeitlicher und die Kräfte, bzw. Kraftwirkungen, die zu ihm gehören, sind deshalb in räumliche und zeitliche Verhältnisse hineingebunden. Räumlichkeit und Zeitlichkeit sind der prägnanteste Ausdruck für ein vollentfaltetes, "fertiges" ("gezeitigtes"!) Sein ... Diejenigen Kräfte und Ursprungsstellen, aus denen der geräumte und gezeitigte Kosmos in allen seinen wesensverschiedenen Bezirken erwächst, können nicht selbst wiederum räumlich und zeitlich faßbar sein — <u>wenigstens nicht in dem Vollsinne, der eben Raum und Zeit in der verwirklichten Wirklichkeit zukommt.</u>

Es ist ein altes und heute, da man wieder vor der Problematik der Nichtselbstverständlichkeit des physischen sowie aber auch des biologischen und psychischen Seins und Geschehens steht, von neuem bevorzugtes Verfahren, eine Naturregion durch die andere begründet zu erklären; so gegenwärtig wieder besonders physische Gegebenheiten durch letztlich "seelische" oder "geistige". Kann man sich etwa das eigentümlich Organisierte, ja zum Teil Zweckbestimmte im Aufbau und Wirken atomarer Materialität nicht erklären, so werden entsprechend wirksame und leitende "Elementargeister" oder "Elementarseelen" vorausgesetzt. <u>Wie</u> tief in der Tat in den metaphysisch begründenden Regionen Materielles und Aetherisches, Seelisches und

Geistiges zusammenhängen, werden wir sehen. Irrig
ist aber der Versuch, ein konkretes Seinsfeld, etwa
das physisch materielle, durch ebenso konkret und
naturhaft gedachte seelische oder geistige Wesenheiten zu unterbauen, die dem fertig bestallten
Kosmos angehören und daher in ihrem Sein und
Wirken selber allererst metaphysisch zu begründen
sind. Ebenso verfehlt ist natürlich das umgekehrte
Verfahren, biologische oder psychische Vorgänge
durch konkret physische, sei es materielle oder
energetische, erklären zu wollen. Der Dynamismus
der Selbstbewirkung ist also von wie auch immer
gearteten, sei es physischen oder psychischen Natur-
wirkungen, die sämtlich aus den existenziellen Ur-
wirkungen erst hervorgehen, aufs Strengste zu sondern. Obwohl es unserem Analogiegesetz entsprechend innerhalb der verwirklichten Natursphäre
auch wiederum "Selbstbewirkungen" gibt − insbe-
sondere bei dem vegetativ Lebendigen, das in seiner
Selbsterzeugung aus keimhaftem Grunde ein ganz
spezielles Prototyp oder besser Metatyp, nicht Vorbild, sondern analogiehaftes Nachbild der seinshaf-
ten Selbstbewirkung des Naturkosmos als ganzem
ist.

Wir müssen offenbar unterscheiden: das
verwirklichte, entfaltete, "aktualisierte" Leibhaftigkeitsselbst aller Realität von dem verwirklichenden
<u>Ursprungs- oder Wirkselbst</u>. Indem das Wirkliche
kraft seiner selbst sich aus eigenem Grunde zu sich
selbst erhebt, erhebt es sich aus seinem Ursprungs-

selbst zu seinem Leibhaftigkeitsselbst! "Selbsthaftigkeit" stellt die fundamentalste Seinskategorie dar.

Die wesensverschiedenen Arten und Grade möglicher Realexistenz, die das reiche Gewebe immer neuer Wirklichkeitsregionen, -bezirke, -gestaltungen aus sich hervorgehen lassen, sind ebenso viele Modulationen und Abstufungen des einen, einzigen Grundthemas : der Selbsthaftigkeit. Das Wirkliche <u>ist</u> das Selberseiende. Die Weise und "Stärke" aber dieses Seins in Selberkeit bestimmt den regionalen Wesensort des betreffenden Seinsbezirks.

Man kann von einem "Selbst" zunächst in rein formaler Bedeutung sprechen. Jede eindeutig bestimmbare Wesenheit hat ein "Selbst", insofern sie mit sich selber − als ein gerade "dieses" und "nicht anderes" − gleichzusetzen ist. Die Zahl drei "selber", im Unterschied etwa zu ihren Eigenschaften und sonstigen Bestimmtheiten. Doch entbehrt eine solche rein formale Selberkeit jeder selbsthaften Erfülltheit. Es ist eine <u>absolut selbstlose</u> Selberkeit! Welch ein Wechsel, wenn wir zu dem Wirklichen kommen, das sein eigenes Sein und Wesen leibhaft auswirkt und trägt. Ein Selbst, das Quell, Ursprung und Wirkträger seines Seins und qualitativen Selbstes ist. Das Wirkliche besitzt ein selbsthaftes, ein in der existenziellen Kraft der Selberkeit stehendes, seinshaft dynamisches Selbst. Mit ihm ist der Ort der geschöpflichen Selbstbewirkung gegeben. Das wahrhaft Reale ist nicht nur "es selbst" in formaler Bedeutung, sondern es ist mit seinem Selbst auch sein eigener reeller Wirkgrund. Seiner "Vorhandenheit" liegt noch ein tieferes Selbst zugrunde, aus dem es entspringt und aus dem entsprungen es zu sich selber kommt. Die Zweigeteiltheit des Selbstes als des begründenden und des begründeten ist das Wesensmerkmal wirklicher Wirklichkeit.

Fragt man nach einem Beweis, so können wir zunächst nur auf das intuitiv faßbare Wesen wahrer Wirklichkeit hinweisen. Wir werden aber sehen, daß es eben dieser Urbegriff geschöpflicher Selbstschöpfung ist, aus dem alle Grundgestaltungen des Weltenkosmos in immer neuer, wenn auch immer wieder durchaus eigenartiger, weil durch das jeweilige regionale Wesen bis auf den Grund abgewandelter Form hervorgehen. Der beste Beweis dafür, daß wir es hier tatsächlich mit der kosmischen Urkategorialität zu tun haben, liegt in der Tatsache, daß die <u>elementaren Regionen</u> des irdischen Kosmos, mögen sie physisch materieller oder rein energetischer, mögen sie seelischer oder geistiger Artung sein, <u>aus welchen Regionen sich in vielfältiger Konkretion vom Einzelstoff bis hinauf zum Menschen die Natur auferbaut,</u> in Wesen und Wirkungsmöglichkeit vor uns aufbrechen, wenn wir sie als jeweils spezifisch abgewandelte Weisen geschöpflicher Selbstbewirkung fassen. Innerhalb dieses Rahmens geht es wieder von höchster persön-

licher Selbstmacht (potestas), so in den reinen
Geistwesen himmlischer Regionen, bis zu selbstlos
unpersönlichster und damit verhältnismäßig ohnmächtiger Selbstmacht, so in den rein physischen
Stoffentitäten der Natur. Dies jedoch sind nur Beispiele <u>einer</u> möglichen Stufenreihe. Denn keineswegs handelt es sich um eine einsinnig gerichtete
Folge von "Niederstem" zu "Höchstem". Die kosmische Wirklichkeit, auch die rein naturhafte für sich,
ist von verschiedenen Polen her zusammengeordnet,
die eine <u>mehrfach</u> eigenartige Weise geschöpflicher
Seinsselbstmaoht darstellen und ist so mit immer
neuen Überkreuzungen und Verwachsungen dieser
Grundgestalten eher einer Symphonie oder einem
Teppich als einer Himmelsleiter zu vergleichen.

### b. Das Urpsychische

Die formale oder "psychische" Urhyle tritt
in einer zweifachen Form auf; entsprechend der
zweifach möglichen Weise, in der etwas als noch
nicht zu sich selbst Gekommenes, als gleichsam
noch "Ohnmächtiges" gefaßt werden kann. Hier von
Ohnmacht zu reden, hat insofern einen prägnanten
Sinn, als es sich in der Tat um etwas Selbsthaftes
handelt, das nur noch nicht zu sich selbst aufgerich-
tet ist. Ohnmächtig kann ein Mensch aus zwei
Gründen sein : einerseits, weil sein wachbewußtes
Ich auf Grund eines pathologischen Leibgeschehens
dem Leib verhaftet wird und in ihm "versinkt", andererseits. weil es sich auf Grund einer Ekstase dem

Leib entwunden hat. Das "wieder zu sich selber
Kommen" ist entsprechend ein verschiedenes: im
ersten Fall ein wieder frei Werden von einer hinun-
terziehenden materialen Verschlingung, im zweiten
Fall ein wieder Herabsteigen in den normalen Lei-
besort. Analog ist das Ursprungsselbst in seinen
ureigenen hyletischen Vordimensionen in polar ent-
gegengesetzter Weise noch außer sich selbst. Einmal
als noch von sich selbst verschlungenes, in sich und
seine eigene Tiefe hineinverhaftetes; das andere Mal
als seiner selbst gänzlich enthobenes. Um zur Aktualität: seiner selbst zu gelangen, muß es deshalb
sowohl aus der verschlingenden Versenktheit her-
auf- wie aus der ekstatischen Enthobenheit herabge-
holt werden.

Daß diese beiden Möglichkeiten in genauer
Analogie zu dem Gegensatz der beiden material
hyletischen Keimsphären, der versenkenden und
enthebenden, stehen, ist selbstverständlich. Denn es
handelt sich auf beiden Seiten, der materialen und
der formalen, um das Verhältnis vorgegebener mate-
rialer bzw. dynamischer Potenzialität zur selbsthaft
ausgezeugten Aktualität. Genauso wie das elementar
Naturwirkliche sein leibhaftes Wesen nur von unten
und von oben her gewinnen kann, genau so kann es
auch mit seinem Ursprungswesen nur von unten und
von oben her zu sich kommen. In dem existenziellen
Pulsieren zwischen zweipoliger Potenzialität und
Aktualität ist immer und überall der Herzschlag des
irdischen Kosmos fühlbar. Oder wenn wir die Sache

von der vollendeten Aktualität her fassen : in dem
wachstümlich selbstherrlichen Herausgezeugtsein
aus ureigenen unteren mnd oberen Vordimensionen,
so daß nicht nur die leibhaft ausgezeugte Vollwirklichkeit, sondern auch die auszeugende Ursprungs-
wirklichkeit in der Mitte und im Gleichgewicht zwischen ihrem eigenen "oben" und "unten" schwebt,
enthüllt sich immer und überall das innerste existenzielle Wesen des natürlichen Weltenkosmos. Wir
werden später sehen, daß dieser Grundseinscharak-
ter, den wir bisher nur im ein für alle Mal gegebenen
(geräumten!) Aufbau der irdischen Welt entdeckten,
in analoger Weise in dessen (sich zeitigendem!)
Geschehensverlauf wiederkehrt.

Eine in sich selbst hinabgeschlungene
Selbstheit! Eine Selbstheit, die nicht aus sieh heraus
kann, sondern nur immer tiefer in die eigene selbsthafte Tiefe hinabsinkt! Kam es bei dem materialen
Seinsgehalt durch die Versenkungsdynamis zu der
absolut "schweren" und "dichten" Hyle, der Urhyle
als solcher, so kommt es bei dem selbsthaften
Seinsgehalt durch die Versenkungsdynamis zu der
absolut sich selber einschlingenden Selbstbewir-
kungskraft. Es ist dies kein Bild, sondern ein exis-
tenzielles Urphänomen. Man bedenke, daß es sich
hier um den letzten aktualisierenden Selbstursprung
handelt. Der seiner selbst entquellende Ursprung ist
es, der in der einen Vordimension in der vorexisten-
ziellen Seinsweise der Versenktheit erscheint. Wenn
aber ein Quellendes noch nicht aus sich herauszu-

kommen vermag, so ist es ein sich selbst in sich selbst Hinabstrudelndes. Es füllt sich vermittelst seiner Quellkraft nur mit sich selbst und ist so mit seiner selbstzeugerischen Potenz ein sich ebenso verschlingendes wie gebärendes; ein absoluter existenzieller Strudel produktiver Selbsteinschlingung oder einschlingender Produktivität. Die Selbstzeugung hebt die Selbsteinschlingung nicht auf und umgekehrt – deshalb ein grundsätzlich unerschöpflicher Strudel. Die absolute Untiefe des quellhaft in sich selbst Einströmenden. Wiederum ist es so, daß wir mit solchen Wendungen nicht etwa symbolhaft phantastisch ausmalen, was in seinem "In sich" unbegriffen bleibt, sondern es soll genau und eigentlichst das getroffen werden, was in solcher Seinsdimension zu treffen ist. Es ist nur notwendig, den urwesentlichen Gehalt, der in den Bildern liegt, in existenzieller Reinheit zu fassen und sich von dem sinnlichen Anschauungszwang zu befreien, der alles nur in der Weise vollwirklicher, geräumter und gezeitigter, dazu noch physischer Konkretion nimmt.

Diese in sich selbst versenkte Quelldimension bezeichnen wir als das Urpsychische, obwohl doch die gesamte formal begründende Seite gegenüber der material begründenden „seelenhaft" genannt wurde. Denn so wie sich auf der materialen Seite die untere Keimsphäre als eine im besonderen und engeren Sinne materiale herausstellte, so auch auf der formalen Seite die untere Quelldimension als eine im besonderen und engeren Sinne psychische, eine psychisch psychische. Obwohl beide, die untere und die obere formale Potenzialitätssphäre das selbsthaft zeugerisch aktualisierende Wesen des Ursprungsselbstes begründen, begründet doch allein die untere, sich in sich selbst hineinschlingende Quellsphäre dieses Ursprungsselbst selbst wieder in einer "quellhaften" Form, der es selbstzeugerisch entwachsen muß. Hier ist sich das formale Selbst als rein hyletisches Material seiner selbst vorgegeben, versenkt in die eigene, sich in sich selbst hineinstrudelnden Fülle. Und muß deshalb im wahren Sinne des Wortes aus sich selbst herausgezogen, d.h. − gezeugt werden. Dem entspricht aber, wie später genauer gezeigt wird, daß aus dieser unteren Begründungsdimension die eigentlich selbsthaft zeugerische Seite in der aktualisierenden Gesamtpotenz des Ursprungsselbstes hervorgeht. Ist das formale Selbst das ganz allgemein beseelende im Seinsaufbau sämtlicher Gestaltungen des irdischen Kosmos, so ist das sich von unten her gewinnende Wirkselbst das im Besonderen beseelende und also das beseelend beseelende oder auch das zeugeriseh zeugende.

Man wird in diesem Zusammenhang das tiefe sachliche Recht, hier gerade vom "Psychischen", wenn auch in einem rein existenziellen Sinne zu reden, gut erfühlen. Seelisches ist recht eigentlich das aus einer sprudelnden Quelltiefe seiner selbst selbsthaft Entspringende. Wenn zwar alles Naturwirkliche, wie seelenlos es in seiner konkreten Naturgestaltung immer sein mag, etwa das rein

stofflich Materielle, eine solche existenziell urpsychische Vordimension in sich schließt, aus der heraus es sein, z.B. physisch aktualisierungsfähiges
Selbst gewinnt, so ist es doch die animalische Seele,
die das urpsychische als durchgreifend maßgeben-
den Begründungsfaktor ihres Seinsaufbaus besitzt
und dadurch zu einem potenziiert selbsthaft selbstzeugerischen wird.

### c. Das Urgeistige

In der urpsychischen Quelldimension ist das
Selbst in sich hinein verschlungen und muß, um zu
seiner eigenen erstaktualisierten und damit aktualisierungsfähigen Selbstheit zu gelangen, von sich
selber frei, seiner selbst enthoben werden. Erst in
dieser aus dem Quellgrunde herausgehobenen Seins-
form gewinnt es die selbständige existenzielle
Wirkfähigkeit, kraft derer es sich in seinem leibhaf-
ten Wesen verwirklichen kann. Die Erstaktualität
schließt dies Doppelte in sich : die quellhafte Selbst-
ursprünglichkeit <u>und</u> das Entsprungensein. Im Erste-
ren bleibt es von sich selbst ganz und gar über-
schwemmt, der selbstzeugerisehen Quelltiefe ver-
mählt; im Letzteren ist es derselben entstiegen …

FORTGELASSENER ANSCHLUSSTEXT
VON KAPITEL HI/4

Ehe wir daran gehen, mit den allseitigen letzten Konstitutionsbedingungen, die wir gewonnen haben, die vier elementaren Aktualitätssphären der Naturwirklichkeit konkret zu kennzeichnen, sei von unserem jetzigen Ergebnisstand aus noch einmal ein schon mehrfach erwähnter Punkt beleuchtet, der gerade in seiner anscheinenden Paradoxie geeignet ist, den Wesenscharakter irdischer Wirklichkeit noch einmal ans hellste Licht zu stellen. Wir erinnern uns an das grundlegende Wirkgesetz : daß in jedem lebendig zeugerischen Aktualisierungsprozeß die herauszeugende "Washeit" sowohl in der materialen Grundlage, aus der heraus aktualisiert wird, potenziell enthalten sein muß wie auch in dem zeugend Wirkenden virtuell. Wenn sich nun aber auch das Wirkselbst kraft seiner selbst entweder aus dem Quellgrunde entelechial hinauf- oder aus dem ekstatischen Übergrunde enarchal hinabzeugen muß, um zu seiner aktualisierungsfähigen Selberkeit zu gelangen, muß dann nicht noch einmal ein "Selbst" vorausgesetzt werden, das mit seiner Aktualisierungsfähigkeit die potenziell (eingeschlungen oder ekstatisch) vorgegebene Washeit virtuell enthält? Und wir kämen doch wieder zu jenem widersinnigen Verursachungsrückgang − wenn nämlich jenes Wirkgesetz zurecht bestehen soll!

Fassen wir jedoch die Sachlage nicht in abstrakt erdachten Alternativen, sondern in ihrer wesenhaften Ganzheitlichkeit, so ist zunächst nur einfachhin dies zu sagen : daß sich das Naturwirkliche in allen seinen Bezirken in der Tat aus potenzieller Ohnmächtigkeit zu seiner eigenen aktualisierungsfähigen Selbstheit erhebt und daß dabei kein weiteres, selber schon aktualisiertes Selbst vorausgesetzt werden kann (und darf). Genauso wie der Mensch aus dem Schlaf zu sich selbst kommt, ohne daß es eines wachgebliebenen Selbstes bedürfte, das ihn aufweckt. Im tiefsten Selbstbewirkungsgrund ist das irdisch Geschöpfliche ein selbsthaft-selbstlos Ohnmächtiges und aus dieser selbsthaft-selbstlosen Ohnmacht zu sich selber Kommendes.

Daß diese Selbstherauszeugung aus bloßer Potenzialität hier möglich ist, während sie doch in Bezug auf die materiale Herauszeugung des Wesens unmöglich ist, liegt daran, daß es sich hier um eine aus Selbsthaftigkeitsmaterial bestehende Potenzialität handelt. Nur das Selbsthafte kann kraft seiner selbst aus dem Schlaf erwachen. Nur weil hier das Herauszeugende, auch in seiner selbstlosen Potenzialität und Ohnmacht ein Selbsthaftes und nicht ein bloß und nur Hyletisches ist, kann es aus sich selbst zu sich selbst auferstehen.

Es ist damit gesagt, daß die leibhafte Selbstherauszeugung der irdischen Wesenheiten nicht in genaue Analogie zu setzen ist mit der fundierenden selbsthaften Selbstherauszeugung. Die erstere geschieht kraft des in sich selbst aktuellen, wirkfähigen, zu sich selbst gekommenen Selbstes, die zweite aber aus der rein ohnmächtigen Selbstlosigkeit des

Selbstes heraus. Es ist, nur in einem wesenhaft anderen Seinsrahmen, der gleiche Unterschied, wie er zwischen dem Handeln des erwachten Menschen und dem Aufwachen des Schlafenden besteht.

Wir können es aber, um jenem Wirkgesetz gerecht zu werden, auch noch etwas anders fassen. In der ohnmächtigen Selbstlosigkeit des Selbstes liegt das wirkfähige Selbst miteingeschlossen : nicht als ein von der selbstlosen Potenzialitäir abzusonderndes und ihr voraussetzbares, sondern in ganzheitlich untrennbarer Einheit mit ihr. Das Selbstlose ist hier zugleich das Selbsthafte, das Ohnmächtige das bei sich Seiende, das Wirkunfähige das Wirkfähige. Das wirkfähige Selbst ist eingefangen in seine eigene Ohnmacht und deshalb "nach außen hin" wirkunfähig, aber innerhalb seiner selbst, d.h. in Bezug auf den ureigenen Potenzialitätszustand dennoch aktualisierungsfähig. Es kann sich wohl kraft seiner selbst aus dieser Selbstlosigkeitsverfassung zu sich selbst erheben; es kann sich aber nicht von dieser Selbstlosigkeitsverfassung her vollwirklich aktualisieren. In seiner ohnmächtigen Selbsthaftigkeit enthält es sich selbst potenziell <u>und</u> virtuell; um aber die Möglichkeit leibhafter Selbstherauszeugung zu erlangen, muß es sich erst der eigenen inneren potenziellen Gefangenschaft entledigt haben.

Obwohl wir so im tiefsten Selberkeitsgrunde der Natur ein letztes aus sich heraus wirkfähiges Selbst finden, tritt nun gerade der Wesensgegensatz zu den von Grund auf voll aktuellen rein geistigen oder himmlischen Wesenheiten umso deutlicher heraus. Diese entspringen sich selber in unmittelbarster Seinsautonomie. Ihre Wirklichkeit ist ihr von Grund auf vollaktuelles Sich Darleben. Keinerlei Potenzialität ist an ihnen gegeben, aus der heraus sie allererst zu sich selber kommen müßten. Keinerlei Abstufung in ein Selbst, das sich selber erst aus selbstloser Ohnmacht zu nackter Erstaktualität erheben muß, um seine leibhafte Vollwirklichkeit sodann materialiter zu gewinnen. Der geringe Rest, wenn man so sagen darf, <u>ursprünglichst</u> autonom selbsthafter Selbstherrlichkeit, die auch das Naturhafte einschließt, besteht in nichts Anderem als in der Fähigkeit, sich kraft seiner selbst aus der ohnmächtig selbstlosen Vorgegebenheit seines Selbst zu erheben. Der irdische Kosmos ist im radikalsten Seinssinne eine Welt, deren Wesen im <u>Ent-stehen</u> beschlossen liegt (nasci - natura); sie ist das grundsätzlich aus sich selbst Entstehende.

*In memoriam* Eberhard Avé-Lallement (1926–2015), Meisterschüler der Naturphänomenologin und Ontologin *Hedwig Conrad-Martius* (1882-1966) zwischen dem Transzendentalphänomenologen Husserl und dem Existenzialphänomenologen Heidegger.

## Buchveröffentlichungen von *H. Conrad-Martius*

„Realontologie", 1923

„Abstammungslehre", 2. Auflage 1950

„Der Selbstaufbau der Natur", 1944 /1961

„Naturwissenschaftlich-metaphysische Perspektiven", 1948

„Bios und Psyche", 1949

„Die Zeit", 1954

„Utopien der Menschenzüchtung", 1955

„Das Sein", 1957

„Der Raum", 1958

„Die Geistseele des Menschen", 1960

„Schriften zur Philosophie", (Band 1-3), 1963-1965

# Gesamtwerk

Das publizierte Gesamtwerk entfaltet sich unter dem *monotheistisch* „Heiligen" im traditionellen Dreischritt von **Logik** (Wahres), **Physik** (Naturschönes) und **Ethik** (moralistisch Gutes) zwischen Literatur und Philosophie.


1.   Theologisch *Heiliges* :
„Der Ewige und Sein Urprojekt  −  *Religionsphilosophisch-metapolitische Reflexionen*"


2.   Logisch *Wahres*
    (´Dritte Welt´ der Gedanken) :
„Sind Physik, Musik und Mystik die Ethik
der mathematischen Logik?"


3.   Ästhetisch *Schönes* (Physisches) :
„Zur Dialektik und Phänomenologie
der Natur- und Kulturidyllen"


Logik *(Ideelles)* und Ästhetik *(Physisches)* fallen unter **Idyllen**, die gemeinsam dem *Psychischen* der moralistischen **Satiren** kontrastieren.

Diese satirische Moralistik entfaltet sich ihrerseits als psychologische Ethik in sieben Sorten von literarisch-philosophischen „Sprachspielen" :

1.  **Philosophie**  (Zwei Bände) :

„Objektivität durch Subjektivität
oder umgekehrt?" *(Erkenntnistheorie)*

„Gedankenlesen : Hirnforschung
ohne Computertomographen  −
*Philosophie zwischen Wissenschaft,
Kunst und Religion"*


2.  **Tiefenpsychologie**
der Philosophiegeschichte  (Drei Bände) :

„Die Liebhaber der Sophie  −  *Philosophiegeschichte in Philosophengeschichten"*

„Wenn die Seele auf den Geist geht  −
*Chronik der unbewussten Weltbilder"*

„Martin Heidegger  −  Versuch
einer Psychoanalyse seines *Seyns"*


3.  **Proletarismus**  (Ein Band) :

„Mann und Frau machen sich frei −
voreinander und voneinander :
*Geschlechterkrieg oder Klassenkampf?"*

**4.** Fünf **gesellschafts- und kulturkritische Essaybände** :

„Künste und Wissenschaften
als verlorene Paradiese“

„Ist *philosophical correctness* eine
Kommunikationswissenschaft?“

„Esprit und Geisteswissenschaften“

„Originell sein : Vergessenes plagiieren“

„Wer sich selber kennt, wird nichts mehr“


**5.** Satirische **Moralistik** (ein Band Sekundärliteratur, sechs Bände Primärliteratur) :

„Aphorismus − Philosophischer Gehalt
in literarischer Gestalt“

„Mit einem Satz ins Freie“

„Quanten, Quarks und Strings im Kopf“

„Aphorismen zur Zeitaltersweisheit“

„Zwergrätsel, Satiren und Zwickmühlen“
(1. Auswahl aus mehreren separaten
  Aphorismenbänden)

„Aphorismen, Bonmots und Reflexionen"
(2.  Auswahl aus mehreren separaten
    Aphorismenbänden)

„Philosophische Formelsammlung"


**6.  Fragmente** (Zwei Bände Reflexionen) :

„Aufzeichnungen
aus dem Schwarzen Loch"

„Aufzeichnungen aus dem Mauseloch"


**7.  Literatur** (Ein Band Lyrisches
und drei Bände Erzählerisches) :

„An sein Innerstes erinnert sich keiner  −
*Nicht ganz dichte Gedichte*"

„Nur in der Fremde fühle ich Fernweh  −
*Idyllischer Roman*"

„Wer fällt, gefällt  −  Aus dem schönen
Leben des Gebrauchsdenkers Ingo K."

„Angeln beruhigt  −
weder Fische noch Würmer"

**Das ganze Werk deckt *sieben* Kulturfelder
in *27 Bänden* ab :**

1.  Monotheismus
    1 Band (onto-theologisch *Heiliges*)
2.  Idyllen  :
    1 Band Logik (Wahres)
    1 Band Natur  (Schönes)

3.  Leib  (Arbeit / Liebe)
    1 Band Physisches
4.  Seele  (bw / ubw)
    3 Bände Psychisches
5.  Geist (Philosophie)
    2 Bände Ideelles

6.  Witz/Urteilskraft
    14 Bände Moralistik :
       5 Bände Essays
       2 Bände Fragmente
       7 Bände Aphorismen(auswahl)

7.  Literatur (sinnlicher Sinn) :
    1 Band Lyrik
    3 Bände Epik

# ANHANG
## Große Aphoristiker sind im Bilde

# Sekundärliteratur zum Aphorismus


*Gerhard Neumann (Hg.):* „Der Aphorismus.
Zur Geschichte, zu den Formen und Möglichkeiten
einer literarischen Gattung", Darmstadt 1976

„Ideenparadiese. Untersuchungen zur Aphoristik
von Lichtenberg, Novalis, Friedrich Schlegel und
Goethe", München 1976

*Peter Krupka:* „Der polnische Aphorismus",
München 1976

*Hans Peter Balmer;* „Philosophie der menschlichen
Dinge. Die europäische Moralistik", Bern 1981

*Harald Fricke:* „Aphorismus", Stuttgart 1984

*Gisela Febel:* „Aphoristik in Deutschland und
Frankreich", Frankfurt/Main 1985

*Klaus von Welser:* "Die Sprache des Aphorismus",
Frankfurt/M. 1986

*Heinz Krüger:* „Über den Aphorismus
als philosophische Form", Frankfurt/M. 1988

*Werner Helmich:* „Der moderne französische
Aphorismus", Tübingen 1991

*Stefan Fedler:* „Der Aphorismus. Begriffsspiel zwischen Philosophie und Poesie", Stuttgart 1992

*Paul Geyer / Roland Hagenbüchle:* „Das Paradox", Tübingen 1992, Würzburg 2002²

*Thomas Stölzel:* „Rohe und polierte Gedanken. Studien zur Wirkungsweise aphoristischer Texte", Freiburg 1998

*Lada Lubimova:* „Struktur und Funktion des Aphorismus : eine textlinguistische Studie", Bremen 1998

*Robert Zimmer:* „Die europäischen Moralisten", Hamburg 1999

*Michael Esders:* „Begriffs-Gesten. Philosophie als Kurze Prosa von Friedrich Schlegel bis Adorno", Frankfurt/Main 2000

*Rüdiger Zymner:* „Aphorismus", In: Kleine literarische Formen in Einzeldarstellungen, Stuttgart 2002

*Friedemann Spicker:* „Kurze Geschichte des deutschen Aphorismus", Tübingen 2007

„Die Welt ist voller Sprüche. Große Aphoristiker im Porträt", Bochum 2010

*Andreas Egert:* „Der Fall Aphorismus. Zur Genese und Aktualität einer Gattung", Dresden 2015

# Philosophische Grundbibliothek

Chuang-tsi: „Das wahre Buch vom südlichen Blütenland"

L. Annaeus Seneca : „Briefe an Lucilius"

Michel de Montaigne : „Essais"

Imm. Kant : „Grundlegung zur Metaphysik der Sitten"

S. Maimon : „Versuch einer neuen Logik … " (1794)

G. Fr. Hegel : „Phänomenologie des Geistes" / „Ästhetik"

Arthur Schopenhauer : „Aphorismen zur Lebensweisheit"

Friedrich Nietzsche : „Menschliches, Allzumenschliches"

Nicolai Hartmann : „Das Problem des geistigen Seins"

Hedwig Conrad-Martius : „Der Selbstaufbau der Natur"

Th. Adorno : „Minima moralia" / „Ästhetische Theorie"

Jean-Paul Sartre : „Der Idiot der Familie"

Hermann Schmitz : „Der unerschöpfliche Gegenstand" /
„Der Weg der europäischen Philosophie"

I.M. Bochenski / A. Menne: „Grundriss der Logistik"

Hans Blumenberg : „Wirklichkeiten, in denen wir leben",
„Die Vollzähligkeit der Sterne

# Weiterführendes vom Autor

„Martin Heidegger –
Versuch einer Psychoanalyse seines *Seyns"*,  1993


„Objektivität durch Subjektivität oder umgekehrt? –
*Phänomenologischer Entwurf
einer dekonstruierten Erkenntnistheorie"*,  1999


„Künste und Wissenschaften als verlorene Paradiese –
*Essays zur Bedeutung der Kultur-Idyllen"*,  2000


„Der Mensch ist, was er verg-isst /
*Kosmostheorie oder Gemeinschaftspraxis*“,  2007


„Philosophische Formelsammlung :
*Ambivalente Gedankenexperimente und nachsokratische
Fragmente"*,  Verlag Königshausen & Neumann, 2012


„Die Liebhaber der Sophie –
*Philosophiegeschichte in Philosophengeschichten"*,  2013


„Aphorismen zur Zeitaltersweisheit –
*Kopfverdreher, Kopfzerbrecher*“,  2014

„Ist *Philosophical Correctness* eine Kommunikationswissenschaft? *Versuch über moderne Versuchungen*",
2015


„Zur Dialektik und Phänomenologie
der Natur- und Kultur-Idyllen", 2015


„Esprit und Geisteswissenschaften – *Wechselwirkungen
zwischen Kunst, Philosophie und Psychologie*", 2016


„Mit einem Satz ins Freie – *Reflexionen, Urteile
und Sentenzen*", 2. überarbeitete Auflage, 2016


„Zwergrätsel, Satiren und Zwickmühlen –
Auswahl von Aphorismen", 2017


„Wenn die Seele auf den Geist geht –
*Chronik der unbewussten Weltbilder*", 2018


„Aphorismen, Bonmots und Reflexionen –
*Neue Auswahl aus mehreren Bänden*, 2019


„Originell sein heißt, Vergessenes plagiieren –
Philosophische Essays", 2019


„Angeln beruhigt – weder Fische noch Würmer", 2019